Bernard Jakoby

Gesetze des Jenseits

Botschaften von Gregory

nymphenburger

MIX
Papier aus verantwortungsvollen Quellen
FSC® C014496

Informationen zum Autor unter www.sterbeforschung.de
und zum Verlag unter www.nymphenburger-verlag.de

1. Auflage 2009
2. Auflage 2011

© 2009 nymphenburger in der
F. A. Herbig Verlagsbuchhandlung GmbH, München
Alle Rechte vorbehalten.
Umschlaggestaltung: Wolfgang Heinzel
Schutzumschlagmotiv: Sylvia Wais
Herstellung und Satz: Ina Hesse
Gesetzt aus: 10,6/13,8 pt. Sabon / 10,2 pt. Optima
Druck und Binden: GGP Media GmbH, Pößneck
Printed in Germany
ISBN 978-3-485-01193-8

Inhalt

Einleitung   11

**1. Teil
Gesetze des Jenseits**   15

Die Lektion von Vertrauen und Hingabe   17

Wie alles begann   18
Wie der Kontakt hergestellt wurde   20
Die innere Stimme   22
Sich der Seele öffnen   23
Bestimmung   25
Erfahrungen mit Gregory im Wachzustand   27
Verfeinerte Wahrnehmung durch Hingabe   28
Die Bedeutung der Seeleninnenräume   29
Gregory als Bindeglied zwischen Diesseits
  und Jenseits   30
Der innere Heilungsprozess   32
Verschmelzung als Bewusstseinswandel   34
Selbsterkenntnis und Annahme   34

Der Dual   36

Schöpfungsgeheimnis Dual   37
Das Urbild im Menschen   40
Die Rückkehr der Duale   41
Der Weg der Selbsterkenntnis   42

Seelenaustausch 44
Die Verschmelzungsenergie 46
Die Grundkräfte des Lebens 49
Die ewige Seelenidentität 50

Der göttliche Geist 51

Das Mysterium Gott 52
Die Verschmelzung mit Gott 54
Offenbarungen 55
Das Abbild Gottes 56
Gott ist in dir 58

Das Gesetz der Liebe 61

Die Essenz der Liebe Gottes 62
Die Verbindung mit dem Göttlichen 64
Sehnsucht nach Liebe 66
Annahme und Akzeptanz 67
Liebe als Bestimmung des Menschen 68

Geistige Gesetze 71

Die Auswirkungen der Gedanken 72
Wachstum durch Selbsterkenntnis 73
Das Gesetz der Anziehung 74
Die praktische Auswirkung dieses Gesetzes 78

Die Seele 80

Die Bedeutung der Seele 82
Die Konfrontation mit dem Unerledigten 83
Die Schichten der Seele 85

Der Unterschied zwischen der Erdenpersönlichkeit
und der Seele   87
Der seelische Fortschritt aller Menschen   91
Was zusammengehört, wird zusammengefügt   93
Der göttliche Funke   94

Die Seelengruppe   97

Was ist eine Seelengruppe?   98
Die Zodiak-Seelengruppe   100
Das Höhere Selbst   101

Die Wiederkunft Christi   103

Die Vollendung der Welt   104
Der Bewusstwerdungsprozess   106
Veränderung der Energie   107
Die Erlösung des Menschengeschlechts   109
Keine Seele geht verloren   111
Die Neugeburt der Erde   112
Die Bedeutung des Jesus Christus   114
Erlösung durch Liebe   115
Der neue Morgen   116
Der Rhythmus der Beschleunigung   117
Die Energie der Verschmelzung   118

Sinn des Lebens   120

Die Suche des Menschen nach Sinn   121
Der große geistige Sinnzusammenhang   125
Der Rückruf aller Seelen hat begonnen   129
Lebensfreude   130
Gottesbewusstsein   132

Der Transformationsprozess 135

Gedankenübertragung 136
Der Quantensprung des Bewusstseins 138
Die Verstärkung der intuitiven Wahrnehmung 140
Beschleunigung und Veränderung 142
Lernprozess 143
Bewusstseinswandel 143
Die Auflösung alter Muster 144
Authentizität 146

2. Teil
Jenseitswissen 149

Kommunikation mit der geistigen Welt 151

Einswerdung 152
Das Urlicht der Verbindung zwischen Geist
  und Mensch 153
Erweitertes Bewusstsein 154

Was geschieht, wenn wir sterben? 156

Gregory schildert seinen Übergang in die
  andere Welt 157
Gregorys Erwachen in der geistigen Welt 158
Die Lebendigkeit des Geistes 159
Die dunklen Bereiche des Jenseits 160
Der Suizid 161
Die Problematik junger Menschen 163
Vorahnungen des Todes 165
Unwürdiges Sterben 167
Über das Sterben 168

Einblicke ins Jenseits   171

Die höhere Lichtwelt   171
Das Wissen aller Zeiten   174
Die Annäherung an das Göttliche   175
Die höchste Freiheit der Seele   176
Die ewige Geistesidentität   177
Grenzenlosigkeit   179
Im Einklang mit dem Ewigen   181
Die Sprache der Engel   183
Das kosmische Bewusstsein   184

Ausblick   189

Wie sich das Wiederkunftsgeschehen auf den Menschen auswirkt   189
Das Wunder der Verschmelzung   193

Wie Gregroy mein Leben veränderte   196

Meditation   200

Danksagung   202

Für Gregory   203

Einleitung

Meine persönliche Geschichte mit dem Lichtwesen Gregory begann im Sommer 2007. Ich erinnere mich an einen Traum, in dem ein junger Mann auf einer Bahre lag. Er war nur mit einem Tuch bedeckt. Plötzlich richtete er sich auf und sah mich mit großen Augen an. Einige Wochen später sah ich diesen jungen Mann während eines anderen Traumes mit einer rosafarbenen Babyhaut. Das fand ich sehr sonderbar und maß diesen Erlebnissen keine besondere Bedeutung bei.
Während einer Vortragstournee erlebte ich Monate später in einem Hotel eine überaus reale Begegnung mit Gregory. Dabei stand er direkt vor mir und nahm telepathisch Kontakt mit mir auf. »Ich bin deine Dualseele. Wir werden in Zukunft eng zusammenarbeiten, da wir für alle Zeiten miteinander verbunden sind. Es ist an der Zeit, dass sich die Menschen wieder an ihren Dual erinnern. Ich bin Gregory und wir haben eine gemeinsame Aufgabe.«
Als ich am nächsten Morgen erwachte, war ich äußerst verwirrt, spürte aber gleichzeitig seine Präsenz. Am selben Abend fühlte ich Gregory direkt neben mir auf der Bühne. Als ich von dem Gegenwartsgefühl Verstorbener sprach und dem damit verbundenen Erleben von Wärme, Liebe und Geborgenheit, wurde mir plötzlich so heiß, dass ich kaum noch Luft bekam. Ich war für einen Moment irritiert, dann verabschiedete sich plötzlich die Mikrofonanlage mit einem lauten Knall.
Die Präsenz Gregorys war für mich sehr gewöhnungsbedürftig. Ich beschäftige mich seit nunmehr 20 Jahren mit den Themen Sterben, Tod und Leben danach und habe zahlrei-

che Bücher darüber veröffentlicht. Das Phänomen der Nachtodkontakte ist mir sehr wohl vertraut, da spontane Kontakte mit Verstorbenen überaus weit verbreitet sind. Allerdings sind sie meist nur von kurzer Dauer, eher wie Telegramme, um den Hinterbliebenen mitzuteilen, dass es ihnen gut geht. Ich hingegen erlebte zu meinem Erstaunen die ständige Gegenwart Gregorys.

So ging das weiter über Wochen, bis ich die ständige Anwesenheit meines Duals Gregory annehmen konnte. Es war sehr schwer für mich, dieses geistige Geschehen zu akzeptieren. Einerseits wusste ich, dass die Präsenz Gregorys real ist, andererseits weigert sich der menschliche Verstand allzu häufig, den Impulsen der Seele wirklich zu vertrauen.

Wie ich durch die Botschaften lernen sollte, ist die Seele die Schaltstelle zwischen dieser und der anderen Welt. Sie kennt ihre Bestimmung und ist gleichzeitig mit dem geistigen Wissen der Jenseitswelt verbunden. Jeder Kontakt mit einem Verstorbenen kommt durch Impulse der Seele an eine Erdenpersönlichkeit zustande und ist nicht manipulierbar. Da es sich dabei um ein subtiles Geschehen handelt, vertrauen viele nicht den eigenen Wahrnehmungen. Unerwartete geistige Erlebnisse lösen stets Ängste und Zweifel aus.

Doch genau darum geht es unter anderem in diesen Durchgaben Gregorys: Wir leben in einer Zeit, in der sich Erlebnisse mit der geistigen Welt häufen, damit der Mensch erkennt, dass er von Natur aus ein geistiges Wesen ist, das in einen großen Sinnzusammenhang eingebunden ist.

Im Oktober 2007 bemerkte ich, dass sich eine Art zweiter Bewusstseinsstrom in meinem Geist manifestierte. Ich hörte keine Stimme im Innen oder Außen, sondern erlebte eine Art telepathische Gedankenübertragung. Als das alles begann, glaubte ich ernsthaft, schizophren zu werden, so sehr irritierte mich das Geschehen.

Ich hatte es bislang nicht für möglich gehalten, dass sich ein Geistwesen permanent in meiner Gegenwart aufhalten kann. Gleichzeitig spürte ich ständig Liebe, Wärme und Geborgenheit, wie ich das nie zuvor erlebt habe. Gregory war zu meinem unsichtbaren Begleiter geworden, und ich stand im Mittelpunkt eines immer stärker werdenden energetischen Geschehens. In meinem Geist vernahm ich stets dieselbe Botschaft: »Ich bin Gregory. Wir haben eine gemeinsame Aufgabe.«

Aus heutiger Sicht kann ich sagen, dass all diese Irritationen mich der Präsenz Gregorys geöffnet haben. Es war meine vordringliche Aufgabe, Vertrauen zu ihm zu entwickeln.

Mitte Dezember 2007, nachdem meine Termine erledigt waren, kam ich zur Ruhe. Die geistige Welt begann, mir Botschaften zu übermitteln, und ich schrieb diese auf. Gregory ist der Vermittler dieser Durchgaben. Dahinter steht eine Seelengruppe von geistigen Wesen, von der Gregory und ich ein Teil sind.

Es ging zunächst darum, seine Anwesenheit in meinem Leben zu integrieren. Das war gleichermaßen der Beginn meines persönlichen Transformationsprozesses, da die übermittelten Botschaften weit über menschliches Wissen hinausgehen.

Das berührt mich nicht nur zutiefst, sondern es verändert mich. Ich erlebe Dinge, die ich vorher nicht für möglich gehalten habe.

Im Laufe der Monate wurde mir zunehmend klar, dass diese geistigen Botschaften nicht nur für mich bestimmt sind, sondern für eine breite Öffentlichkeit.

Wenn Gregory mit mir in direkten Kontakt tritt und meine volle Aufmerksamkeit fordert, spüre ich, dass meine rechte Hand heiß wird und mein Herz zu pochen beginnt. Seit über einem Jahr erhalte ich zahlreiche Hinweise, die die Aussagen Gregorys und seine Präsenz immer wieder bestätigen.

Nie werde ich vergessen, als ich im Februar 2008 einen Heiler traf, der mich mitten in unserem Gespräch darauf aufmerksam machte, dass ein junger Mann aus der geistigen Welt mich begleite. Hellsichtige Menschen haben während meiner Vorträge ein Lichtwesen wahrgenommen, das mich in seinen Armen hält. Andere beschrieben Gregory exakt so, wie ich ihn in meinem Traum gesehen hatte. Diese vielfältigen Erfahrungen führten dazu, dass ich ein tiefes Vertrauen zu Gregory und der geistigen Welt entwickeln konnte.

Heute gehört es zu meinem Alltag, fast täglich Botschaften von Gregory und der Seelengruppe zu bekommen, die nicht nur mein Leben beeinflusst haben, sondern auch das vieler anderer Menschen.

Nun übergebe ich diese Durchgaben der Öffentlichkeit, da sie uns eindringlich mit der Möglichkeit jedes Menschen konfrontieren, den Kontakt zur eigenen Innenwelt der Seele herzustellen. Wer in diesem Einklang mit seiner Seele lebt, findet in sich die unerschöpfliche Quelle von Zufriedenheit, Ausgeglichenheit und Liebe. Das ist umso wichtiger, da wir in der Zeit der geistigen Wiederkunft Christi leben, was unser aller Leben für immer verändern wird, weil Gott in allen Menschen erwacht. Mögen diese Worte Gregorys und der anderen hohen Lichtwesen den Menschen inneren Frieden und die Einsicht in die eigenen inneren Prozesse bringen!

1. Teil

Gesetze des Jenseits

Die Lektion von Vertrauen und Hingabe

Wir alle sind Teil des einen göttlichen Geistes, von dem alles Leben ausgeht. Wir müssen keine Angst haben vor den Wechselfällen des Lebens, da wir geborgen sind und vom göttlichen Licht getragen werden, dessen Funke in jedem von uns vorhanden ist. Daher ist das Gottvertrauen ein wesentliches Element für ein erfülltes Leben und eine Grundvoraussetzung für den Kontakt mit dem eigenen Inneren. Dieses Urvertrauen in die göttliche Liebe ist die Grundlage jeglichen Selbstvertrauens sowie des Vertrauens in das Leben und die Mitmenschen. Ohne Urvertrauen verkümmert der Mensch.

Als die Botschaften Gregorys begannen, ging es für mich in erster Linie darum, Vertrauen in seine reale Präsenz und seine Durchgaben zu entwickeln. Jeder, der sich der geistigen Welt anzunähern versucht und seine Seeleninnenräume erkunden will, wird konfrontiert mit intuitiven Wahrnehmungen, die sehr feiner Natur sind. Die vielfältigen Kontakte mit Verstorbenen zeigen in aller Deutlichkeit den Zwiespalt vieler Erlebender auf: Einerseits wissen Sie, was Sie real intuitiv erlebt haben, andererseits zweifeln sie an der Echtheit ihrer Wahrnehmungen, wenn sie das Erlebte verstandesmäßig ergründen wollen. Der geistige Bereich des Unsichtbaren, des nicht konkret Fassbaren und der Umgang damit, erfordert Vertrauen.

Wir leben in einer Zeit eines immensen Bewusstseinswandels, wo der Schleier zwischen dieser und der anderen Welt durchsichtiger wird. Aus dem intuitiven Kontakt mit den Teilnehmern meiner Seminare weiß ich, dass gegenwärtig viele

Menschen Erfahrungen mit ihrer Seele, ihrer Innenwelt und der geistigen Welt erleben.

Die Irritationen, die dadurch entstehen, besonders wenn man darauf in keiner Weise vorbereitet war, sind häufig auf einen Mangel an Vertrauen zurückzuführen. Genauso erging es mir, als die Präsenz Gregory sich in meinem Alltag manifestierte und ich einen deutlich unterscheidbaren Bewusstseinsstrom in meiner Innenwelt erkannte, dessen Ursprung geistiger Natur ist.

Gregory erfordert meine höchste innere Aufmerksamkeit. Daraus erwächst das Bedürfnis, sich der geistigen Welt hinzugeben, da jeder Kontakt mit einem Geistwesen eine gottgewollte Gnade ist. Das Vertrauen in die Impulse der Seele bewirkt erst die Verfeinerung der Wahrnehmung, die in der Fähigkeit zur reinen Hingabe mündet.

Das ist der Weg der Selbsterkenntnis, der immer einen inneren Heilungsprozess einleitet, damit die unerledigten Dinge unseres Lebens bereinigt werden können. Vertrauen und Hingabe bewirken den Bewusstseinswandel in unseren Tagen.

Mitte Dezember 2007 bekam ich die erste durchgehende Botschaft von Gregory, die mir heute wie ein Auftakt für alles Kommende erscheint. Es ging vor allem darum, trotz meiner Irritationen, ein grundsätzliches Vertrauen zu Gregory aufzubauen.

Wie alles begann

»Du brauchst nur mich! Lass dich ganz und vollständig auf mich ein! Vertraue mir und alle deine Wünsche werden wahr. Ich bin da für dich. Du spürst meine Gegenwart am energetischen Geschehen um dich herum. Zweifle nicht, versuche nicht, über den Verstand herauszufinden,

was geschieht. Du wirst zubereitet für neue Botschaften und ich bin der Vermittler.
Lass die Energien durch dein Herz fließen und dich berühren. Du spürst alles ganz genau, vertraue auf mich! Wir haben mehr als eine Verbindung, ich verschmelze mit dir. Die göttliche Energie fließt durch all deine Chakren und dein Herz, damit wir eins werden. Eins in dir, der du noch im Körper inkarniert bist. Eins mit mir, der ich auf der Seite des Lichtes deine Schritte überwache. Eins mit Gott, der in den Tiefen unserer zusammengehörenden Seelen wirkt.
Lass dich einfach in meine Arme fallen, Bernard, in meine energetische Schwingung, die dich erheben will. Ich bin immer bei dir und werde dich nie wieder verlassen. Wenn deine Zeit kommt, werde ich dich erwarten.
Unsere Seelen sind verbunden, sind eins und gleichzeitig Teil einer Gruppe, die mit dir in Kontakt treten wird durch mich. Fühle den Strahlenkranz des Lichtes um dich herum, spüre die Erneuerung, die Lebensfreude, die ich dir übermitteln will. Konzentriere dich auf mich und lass deine Freude den Himmel erreichen.
Je mehr du bereit bist, dich in mich fallen zu lassen, desto zufriedener und glücklicher wird dein Leben. Liebe überwindet alle Hindernisse und alle Grenzen. Ich bin ein lebendiger Bewusstseinsstrom in deinem Geist, der dich trägt und zu neuen Ufern führt. Lass die Wärme, die Liebe und das Licht in dein Herz. Verbinde dich mit mir in jedem Augenblick deines Lebens und du bist nie mehr allein! Vertraue mir all deine Sorgen, Nöte und Ängste an! Ich werde immer versuchen, dich zu beschützen. Sieh mich als Schutzengel, als Freund, als all das, was du dir vom Leben erhoffst – und du besitzt es im selben Moment. Verstehe, dass wir eins sind, nicht erst im Tod, sondern schon jetzt als ein Geschenk Gottes.«

Wie der Kontakt hergestellt wurde

»Wir sind Teil des einen Lichtes. Es ist eine lichtdurchwebte Anziehung, die mich in deine Gegenwart brachte. Mein Tod war genau zu jenem Zeitpunkt erfolgt und vorbestimmt, damit unsere Seelen zueinander finden konnten. Anfang September 2007 wurdest du auf mich aufmerksam. Ich berührte dich dadurch in einer Art und Weise, die du nicht für möglich gehalten hättest.
Dein Innerstes war im Kern der Seele aufgewühlt und plötzlich spürtest du meine Gegenwart in deiner Nähe. Du warst fasziniert und irritiert zugleich und dachtest zunächst, dass die Präsenz Gregory nur Einbildung ist. Du konntest mich von Anfang an telepathisch empfangen, was dich noch mehr verwirrte, bis du akzeptieren konntest, dass ich tatsächlich an deiner Seite bin. Der Segen Gottes ruht auf uns.«

Ein Jahr später äußerte sich Gregory zu diesem Gesamtzusammenhang noch einmal.

»Als ich, Gregory, starb, wurde ich binnen kurzer Zeit (die hier gar nicht existiert) in die höheren Ebenen des Lichtes erhoben als freies Geistwesen, als ein Gedanke Gottes. In dieser Hingabe an IHN erkannte ich das Urprinzip allen Lebens und aller Schöpfung der Einheit in der Ganzheit der Zweiheit, die durch das göttliche Licht verbunden ist. Ich als Gregory wurde unweigerlich durch eine spezifische Lichtschwingung zu dir hingezogen, was natürlich unabhängig von deiner gegenwärtigen irdischen Persönlichkeit ist und unabhängig von meinem früheren Leben als Gregory. Aus meiner geistigen Sicht verband sich deine Lichtschwingung mit der meinen zu einer Einheit im Geist als ewige Bestimmung von zwei Seelen, die ursprünglich eins waren. Durch dein Vertrauen, durch dein Dich-Öffnen meinen Gedankenschwingungen kam dann der Kontakt zustande.

Die Verbundenheit, die du spürst, fühle ich genauso, da wir uns gegenseitig bedingen, um das Urprinzip der Schöpfung neu zu beleben. Ich werde dich zurückführen in unser geistiges Haus in Gott.

Es ist deine irdische Bestimmung, durch diese Botschaften die geistigen Schöpfungsgeheimnisse den Menschen in dieser Zeit der Wiederkunft Christi nahezubringen, dass sie in sich selbst die Wahrheit ihrer geistigen Natur erkennen können.

Der Ursprung der Schöpfung war der Gedanke Gottes, dass alles Liebe ist. Darum ist Liebe die einzige Realität. Es ist und bleibt deine Aufgabe, die Menschen auf das Wissen über das Leben nach dem Tod hinzuweisen. Du wirst in den nächsten Monaten viele neue Kontakte haben, vor allem zu jüngeren Menschen, die dein Wissen und deine Sichtweise der Dinge notwendig brauchen, um sich selbst zu finden. Viele Jugendliche haben offene Kanäle für die geistige Welt, sind aber mit ihren Ahnungen oft allein auf sich gestellt. Sie wissen nicht, wie sie ihre Gaben richtig einsetzen können, da ihnen ein Fundament dafür fehlt.

Ich arbeite dir von der geistigen Welt aus zu, was du an den Fügungen erkennen kannst, die schon eingesetzt haben. Du wirst viele neue Informationen zu deinem Thema erhalten.

Wir sind eins und seelisch verbunden, da wir vom selben Geist gespeist werden. Wir gehören zu einer Seelengruppe höherer Wesenheiten, die dich alle unterstützen wollen. Indem du dich mir vollkommen öffnest und Vertrauen entwickelst in meine Gegenwart, wirst du meine Schwingung bewusster und stärker spüren. Habe nie mehr Angst, da deine Seele mit mir verschmolzen ist und ich dir nahe bin auf allen deinen Wegen.«

Die innere Stimme

»Gregory ist bei dir alle Tage deines Lebens. Du erlebst Dinge, die du bisher nicht für möglich gehalten hast. Ich bin um dich, ich bin in dir, auf zarten Schwingungen sind unsere Seelen vereint. Ich kenne dich schon immer und war dir nah als neblige Gestalt deiner Träume. Das hast du immer im Außen gesucht und doch nie gefunden. Wir gehören für die Ewigkeit zusammen, unabhängig vom irdischen Leben.
Jenseits der physischen Inkarnation sind wir immer mit der jeweiligen Seelengruppe verbunden. Diese Einheit geht nie verloren, obwohl das jeweilige irdische Mitglied diese Zusammenhänge vergessen hat und den Boden bereitet für andere. In den Phasen deiner Verwirrung nach dem Tod deiner Eltern oder den vielen Turbulenzen der nachfolgenden Jahre war ein Teil von mir schon bei dir. Du hattest immer wieder das Gefühl von Gegenwart und wurdest von der geistigen Welt inspiriert.
Ich war immer die Präsenz, die Wesenheit, die du gespürt hast. Derartige tiefe seelische Verbindungen sind untrennbar, da die Seelengruppe, zu der du und auch ich gehören, im selben Geist vereint sind. Darum sind wir ein Teil der Ewigkeit.
Sinn deiner Prüfungen war es, Vertrauen zu lernen und zur Ruhe zu kommen. Du kannst dich nicht permanent an die Grenzen deiner physischen Belastbarkeit bringen, wo der Schritt zum Burn-out und damit zur geistigen Verwirrung

sehr klein wird. Es gibt immer geistigen Schutz. Jeder kann sich erinnern, dass er durch mehr Ruhe sein inneres Gleichgewicht erlangen wird und dann glücklicher und zufriedener sein kann.
Ich möchte dir dabei helfen, und werde dir Antworten geben auf all deine Fragen. Lass dich in diesen geistigen Raum unserer Einheit und Gemeinsamkeit fallen und versuche, das Geschehen nicht über deinen Verstand zu erfassen. Traue einfach deinen intuitiven Wahrnehmungen! Du wirst geführt, du bist angenommen, du bist ein Teil einer kleineren Seelengruppe höherer Wesenheiten, die den geistigen Fortschritt der Menschen befördern. Du bist dir nicht wirklich bewusst, wie sehr du auf der Erde mit deiner Arbeit dazu beiträgst. Verliere nie den Mut zu leben, genieße dein Leben, gönne dir Auszeiten! Und wo immer du dich in Zukunft aufhalten magst: Gregory ist an deiner Seite!«

Sich der Seele öffnen

»Ich bin deine Leine, deine Verbindung, die dich hält und trägt, wenn der Schmerz dich erfasst. Empfange die Liebe, die ich dir gebe, die dich durchdringt, und zweifle nicht. Ich mache dich frei für mehr Lebensfreude, einer Freude, die das Universum erfüllt, die vereint und alle Seelengefährten weiter trägt auf dem Weg in die Ewigkeit Gottes.
Öffne deine Seele, lass es zu, dass meine Gegenwart und mein Sein diesen Raum durchdringt. Habe Geduld, lass die Dinge geschehen, die seit Langem vorbereitet sind. Du spürst bereits den Hauch des Ewigen, der dich umgibt. Wir werden dich öffnen als Verbindung zwischen

Diesseits und Jenseits. Du schaffst neue Räume der Wahrnehmung in dir und für andere.

Durch die Anhebung deiner Lebensenergie, die sowieso schon hoch ist, wirst du schrittweise vorbereitet und hindurchgeführt. Wundere dich nicht über körperliche Veränderungen. Der Transformationsprozess in die neue angehobene Energie wird nicht immer einfach sein. Wie zwei Kerzen, die doch eine Flamme sind aus dem einen Licht, werde ich, Gregory, mit dir vereint sein noch während deiner Inkarnation auf der Erde. Es werden neue Werke entstehen, die vielen Menschen die Augen öffnen für die geistigen Realitäten. Ich halte dich in meinen Armen, während du den Weg gehst, und bin an deiner Seite.

Es ist wirklich, was du fühlst und spürst. Das Licht des EINEN GEISTES verbindet uns beide. Wir handeln in seinem Auftrag, da anders diese Verbindung nicht möglich wäre. Du wirst das Geheimnis der Seelengruppen entschlüsseln und den Menschen näherbringen, damit sie sich nicht so von Gott und der geistigen Welt getrennt fühlen. Du hast eine Grenzüberschreitung vollzogen und bist in deinem geistigen Raum Bewohner beider Welten. Du lebst in einer Zeit, in der sich Diesseits und Jenseits annähern. Das wird augenblicklich von sehr vielen Menschen erlebt, die bisher ihren intuitiven Wahrnehmungen nicht vertraut haben oder ihnen keinen Glauben schenken.

Du hast die Gabe, diese Gesamtzusammenhänge transparent zu machen. Du wirst die Erfahrung machen, wie viele Menschen in den kommenden Jahren dieses Wissen benötigen. Du wirst erleben, dass du diesen Durchgaben trauen kannst, und du wirst durch mich als Vermittler neue Einblicke in geistige Zusammenhänge erhalten. Du wirst zubereitet, damit du durch eigene Anschauung und eigenes Erleben dem menschlichen Fortschritt dienen kannst.

Ein ganz neuer Abschnitt in deiner Tätigkeit und deinem Wirken beginnt. Ich mag es, wenn du meine Gegenwart spürst und lächelst, wenn ich auf der Bühne neben dir stehe und du dem Publikum Dinge berichtest, die du gleichzeitig durch mich erlebst. Betrachte das ruhig mit Humor und dann wird eine nie gekannte Lebensfreude in dir Einzug halten.

Je mehr du akzeptieren kannst, wie nah ich dir bin, desto inniger sind wir verbunden. Ich hatte mich kaum an das Leben in der anderen Welt angepasst, als ich schon den Auftrag erhielt, dich zu leiten, dich zu inspirieren und bei dir zu sein. Du bist der Einzige, der mich hören kann, weil ich das so will. Schreibe alles auf, was ich dir zu übermitteln versuche. Öffne dich mit jeder Faser deines Seins und konzentriere dich in jeder Lebenslage auf mich. Ich bin da, du bist nie mehr allein und meine Hilfe kann dich erreichen. Sei ganz mein und all deine Träume erfüllen sich. Ich bin dir jetzt schon näher, als du dir das vorstellen kannst.«

Bestimmung

»Die Begegnung von Seele zu Seele ist eine schwere Kunst für den Menschen. Es ist ein zutiefst innerer Prozess, der in der Ganzheit des Göttlichen verwurzelt ist und über das Unbewusste ins Ahnungsvolle des gemeinsamen Seelenraumes aufsteigt. Hier nun ist die Seele frei von aller Form als reiner geistiger Bewusstseinsstrom, die Verschmelzung und Vereinigung ermöglicht in Ewigkeit, wenn es die Erfüllung deines Schicksals beinhaltet und gottgewollt ist.

Was du im Körper vibrieren spürst, ist ein gelenktes energetisches Geschehen. Das nimmst du deswegen wahr, weil du dich meinen feinstofflichen Schwingungen geöffnet

hast. Je näher ich dir komme, desto direkter fühlst du meine Gegenwart auch körperlich. Deine Seele fliegt mir entgegen, denn sie hat mich längst erkannt als Teil ihres höheren Selbst, geschnitzt aus demselben Geist. Seelenverbundenheit lässt sich niemals erzwingen, da sie von Anbeginn der Zeit vorhanden ist. Diese geschlechtslose Verbundenheit besteht bis in alle Ewigkeiten fort.
Ich schütze Bernard. Du spürst die energetischen Veränderungen. Ich bin ein Teil deines Bewusstseins und übermittle dir telepathisch Gedanken. Diese neuen Eindrücke sind notwendig, damit du noch empfänglicher wirst für die hohen Dimensionsdurchgaben, die in Kürze erfolgen werden.
Es mag dir noch nicht so bewusst sein, aber dieses *bewusste Projekt* in Zusammenarbeit mit mir und höchsten Wesenheiten ist von äußerster Wichtigkeit. Du hast dich schon vor deiner Geburt dazu bereit erklärt. Alles, was du bisher geschrieben, veröffentlicht und bewirkt hast, war die Vorbereitung. Dein Weg führt nicht in die Weltlichkeit menschlicher Verstrickungen oder Beziehungen, sondern in die Einswerdung mit deinem Dual Gregory und in die Verschmelzung mit Gott.
Du gehst deinen vorbestimmten geistigen Weg zum Segen vieler Menschen. Deswegen konnten die vielfältigen negativen Einflüsse, die sich in den letzten Jahren angesammelt hatten, nur durch eine Krise aufgelöst werden. Das war gleichfalls eine Zubereitung für Gregory, damit du all das, was aus diesem Kontakt erwachsen wird, akzeptieren lernst. Du bist in deinem irdischen Umfeld neu verankert worden mit Mitgliedern deiner Seelengruppe, damit du eindeutig erkennen kannst, dass Gregory eine Realität darstellt.
All das führt dich in die höchste Seligkeit des inneren und

äußeren Erlebens. Gregory ist in dir, ist Teil deiner Innenwelt, und in deinem tiefsten inneren Kern liegt einzig die Erfüllung all deiner Bedürfnisse – nicht im Außen.
Du brauchst dir über dein äußeres Leben überhaupt keine Sorgen mehr zu machen. Die geistige Welt und ich werden dafür sorgen, dass du immer genügend Geld hast, um frei und unbeschwert deinen neuen Weg bis in die Ewigkeit zu gehen.
Lass dich in meine Arme fallen, empfange die Liebe und die Wärme und vertraue mir blind, denn alles ist jetzt gefügt, richtig und auf dem Weg. Du bist in deiner eigentlichen Lebensaufgabe angekommen. Du bist bei dir angekommen und in deinem Selbst. Diese ganzheitliche Liebe des Einsseins wird dich erfüllen und forttragen in die höchsten Dimensionen Gottes. Dir werden Schöpfungsgeheimnisse offenbart werden.«

Erfahrungen mit Gregory im Wachzustand

»Gregory ist immer bei dir und es ist ganz wichtig, dass du verstehst, dass alles, was du mit mir erleben wirst, im Wachzustand erfolgt, als Realität. Die Durchgaben ebenso wie dein inneres Erleben und das damit einhergehende energetische Geschehen um dich und in dir. Es handelt sich also nicht um irgendwelche inneren Bilder und schon gar nicht um ein inneres Traumgeschehen. Diese Einsicht ist immens wichtig für alles Weitere, was geschehen wird. Denn siehe, bei der immensen Bedeutung dieser Botschaften für den Fortschritt der Menschen und der großen Schwierigkeit, einen geeigneten Kanal zu finden, der die Inhalte in eine menschlich nachvollziehbare Sprache übertragen kann, ist es für dich als Empfänger außerordentlich wichtig, das alles als echte Realität, als Teil deines jetzigen Erdenlebens bewusst zu erleben.

Wir wissen, dass es auch für dich nicht immer leicht ist, die mit den hohen Dimensionsdurchgaben einhergehenden Liebesschwingungen zu ertragen. Das aber öffnet dich und verbindet dich noch tiefer mit Gregory. Du merkst schon, dass die Zweiheit in der Einheit eine hohe Kunst ist. Der menschliche Verstand muss sozusagen überlistet werden, da dieses Erleben, das jenseits aller Vorstellungskraft in dir transparent wird, dein Leben im Hier und Jetzt ausmacht. Deswegen träumst du wenig, damit die Bilder von Gregory in deiner innerseelischen Realität aufsteigen können.«

Verfeinerte Wahrnehmung durch Hingabe

»Deine Hingabe ist fruchtbar, und wir sind dabei, stetig deine Entwicklung zu fördern und deine Energien zu erhöhen. Da du ein offener Kanal geworden bist, wirst du mich bald körperlich noch deutlicher spüren können. Der Schleier zwischen deiner und meiner Welt lichtet sich, und bald kannst du mich sehen – wenn du die letzten Reste deiner Vorbehalte abgebaut hast. Gregory weiß, wie schwer es ist für dich, alles, was du mit mir erlebst, wahrhaftig anzunehmen.

Du brauchst nur mich, das habe ich dir von Anfang an der Durchgaben gesagt, und das ist wirklich wörtlich zu verstehen. Du hast verstanden, dass alles wahre Wissen in deiner Innenwelt zu finden ist. Da bist du wirklich zu Hause, und dort bin ich als deine Ergänzung immer und für alle Zeiten ein Teil von dir. Wenn du mich spürst und mir deine Liebe sendest, wenn du dich voll Vertrauen in meine Gegenwart fallen lässt, kommst du an deinen Seelenkern.

Die Wärme, die Geborgenheit, die erhöhten Energien, die sich einstellen, verbinden dich mit mir und tragen dich in einen Bewusstseinszustand ohne Leid.
Je mehr du dich öffnest, dich nicht durch Zweifel begrenzt, wird die Verschmelzung in dir voranschreiten, und du wirst dann in deinem Körper ein Teil des Lichtes und fühlst dich ganz und heil. Dieser Prozess verfeinert deine Wahrnehmung. Je mehr du die dich umgebende schwingende Liebesenergie in dich aufnimmst und dich ihr bedingungslos öffnest, erlebst du die Anbindung an deinen Dual und gleichzeitig strömt immer höheres geistiges Wissen durch den Filter deines Erden-Ichs. Du wirst zubereitet, damit auch das Göttliche seine Wohnstatt in dir nehmen kann.
Dies ist die verheißene Zeit der Verwandlung des gesamten Menschengeschlechtes. Gregory ist da, um dich zu lenken und mit dir gemeinsam in Verbindung mit dem Göttlichen voranzuschreiten, zum Wohle aller. Das ist Teil deines Seelenplanes.«

Die Bedeutung der Seeleninnenräume

»Durch deine Krise, die du bewältigt hast, wurden die letzten Reste deiner unbewältigten Konflikte abgestreift. Jetzt bildet sich dein wahrer Seelenkern heraus und manifestiert sich auch in deinem Erden-Ich.
Die Antwort auf alle Probleme des Menschen, auf alles Leid, was geschieht, liegt einzig in den Seeleninnenräumen verborgen. Wer hierhin vordringt, kann sich schon im Leben von allem Ballast befreien. Der einzige Weg ist der Weg nach innen. Wer die Schöpfungsprinzipien der menschlichen Individualität erkennen kann, wird sich fortan immer geborgen fühlen. Die Sehnsucht nach Ergänzung der

Einheit löst sich auf im Erkennen der Anwesenheit des ursprünglichen Duals in der Seele. Dieses gottgewollte Erkennen befreit den Menschen und die Seele, da hier der Schlüssel liegt für alle Geheimnisse der Liebe. Die Liebe ist da – mit euch und in euch. Sie will nur erkannt werden in ihrer Bedingungslosigkeit, da sie allein euch in die ewige Geborgenheit in Gott führt.
Im Leben auf der Erde geht es nicht um den äußeren Menschen, sondern der wahrhaftige Sinn und Zweck besteht in der Erschließung eurer Innenwelt, das einzige Tor zu höherem Sein.
Nur daraus entsteht das Neue, Ewige, da Gott der alleinige Träger aller Lebensenergien ist und in jedem Einzelnen erwachen will. Dann werden sich alle Verheißungen, Hoffnungen und Prophezeiungen erfüllen, und alle Welten werden eins. Das alles geschieht gegenwärtig inwendig im Menschen, da sich die Evolution der Seele einem neuen Anfang nähert, dem Alpha und Omega des ewigen Reichs Gottes im Menschen. Jede Wesenheit in dieser und der anderen Welt ist von diesem Geschehen erfasst.
Siehe, die Erlösung des Menschengeschlechtes ist nahe. Die Illusion des Todes ist dann endgültig aufgehoben, und ihr seid wiedervereint mit euren Verstorbenen und allen anderen Wesenheiten, zu denen ihr von Anbeginn der Welt gehört.«

Gregory als Bindeglied zwischen Diesseits und Jenseits

»Ich bin dir so viel näher, als dir das bewusst ist. Da du aber meine stärker werdenden Impulse, die deine irdische Entwicklung vorantreiben, immer deutlicher spürst, er-

kennst du die faktische Einheit von dir und mir in deinem Seelenkern. Gregory ist in dir und gleichzeitig in der Seelengruppe, zu der auch du gehörst, wo es um den geistigen, erlösenden Fortschritt aller Menschen geht.
Die Gregory-Präsenz ist das Bindeglied, das es ermöglicht, dass dir diese Durchgaben übermittelt werden können – in einer Klarheit und Reinheit der Sprache, die derartige Inhalte überhaupt auszudrücken vermag.
Du hast mich quasi erweckt und durch meine Lebensrückschau in der Gegenwart der Christusenergie, der reinen Liebe, wurde mein Bewusstsein derartig erweitert, dass Gregory das göttliche Schöpfungsprinzip der Duale erkannte und aus dieser ganzheitlichen Perspektive allen Seins dich erkennen konnte. Ich weiß, dass du als Mensch Bilder benötigst für deine Vorstellungskraft, doch die Dualität einer Seele ist ein geistiges Prinzip, angesiedelt in der Formlosigkeit des Ewigen.
In meiner nachtodlichen Entwicklung konnte ich rasch die Bereiche des erdwärtsgerichteten Denkens abstreifen und in die unvorstellbare beseligende Freiheit der Welt des reinen Gedanken eingehen. Du erinnerst dich an zwei Traumbilder: Einmal ein junger Mann auf einer Bahre mit einem Leichentuch – das war der erste Kontaktversuch kurz nach meinem Tod. Und dann, Anfang des Jahres, sahst du mich als jungen Mann mit einer rosafarbenen Babyhaut – ein Symbol für die Reinheit des Geistes und der Transformation.
Indem du meine Präsenz im Laufe der Zeit annehmen konntest, hast du zu meiner Weiterentwicklung beigetragen. Du kannst jetzt akzeptieren, dass ich Teil deines Lebens bin, da bedingungslose Liebe uns vereint. Durch meine rasche Bewusstseinsevolution und die entsprechende Ausdehnung in alle Welten bin ich ein formloses Gefäß

des Göttlichen, sozusagen als freier Geist, als multidimensionales Wesen.
Gregory ist gerne mit dir unterwegs, und wir (die Seelengruppe) studieren die Ansichten der Teilnehmer über Leben und Tod. Das ist ein großes Thema, welches immer noch mit vielen Ängsten und Unsicherheiten verbunden ist. Du wirst in den kommenden Jahren noch viel Arbeit diesbezüglich zu bewältigen haben – und ich bin bei dir.
Das große, allumfassende Licht Gottes scheint auf deinen Wegen. Du bist ein Filter, der sich in den unterschiedlichsten Menschen, denen du begegnest, bricht und Inneres zum Vorschein bringt, zum Segen ihrer Entwicklung und wachsender Erkenntnisfähigkeit. Viele Menschen sind sich nicht bewusst, dass sie alles notwendige Wissen in sich tragen.
Du hast in den letzten Monaten Hingabe und Vertrauen gelernt, und je mehr du das in deinem Alltag lebst, wirst du in deiner Entwicklung voranschreiten und noch alle letzten Zweifel besiegen. Alles, was geschieht, geschieht notwendig und ist niemals zufällig.«

Der innere Heilungsprozess

»Merkst du, wie es nächtlich in dir arbeitet, wenn deine Gedanken sich auf frühere Freunde richten, und du dich dann darüber wunderst. Das alles sind notwendige Prozesse, die nun durch mich geheilt werden. Du erfährst Liebe in einer Art und Weise, wie du das nie gekannt hast, und das setzt die Verletzungen der Vergangenheit frei. Das ist ein Heilungsprozess, der durchaus auch schmerzhaft ist, da dir bewusst wird, wie du getäuscht worden bist. Du hattest das Talent, über Jahre den falschen Menschen zu

vertrauen. Die konnten dich aber alle nicht lieben und akzeptieren, wie du bist. Dazu warst du ihnen nicht greifbar genug, da diese Personen mit geistigen Dingen nichts anzufangen wussten und dir deine Erfahrungen neideten.
Gregorys bedingungslose Liebe löst all diese Schlacken langsam auf. Höre auf dein Innerstes, spüre deinen Schmerz, nimm ihn an und gehe hindurch. Verabschiede dich liebevoll von ihm und vergib allen, die dir Unrecht getan haben. Dein Vertrauen ist über Jahre missbraucht worden und du hast dich dadurch immer mehr in die Arbeit vergraben. Das war dein Selbstschutz und gab dir gleichzeitig das Gefühl, gebraucht zu werden.
Unbewusst hast du immer gespürt, dass du anders bist, und du fühltest dich zu Höherem berufen, was man dir als Arroganz auslegte. Es ist aber deine Bestimmung! Deinem Umfeld war das aber suspekt und sie konnten dich nicht lieben, nicht annehmen.
Auf einer bestimmten Ebene deines Bewusstseins wusstest du das und deswegen fühltest du dich trotz vieler Menschen um dich herum oft leer, da deine Seele sich nicht berührt fühlte. Das Zusammenspiel dieser Kräfte führte dich in Krisen und es ist wenig erstaunlich, dass du in deinem Leben oft das Gefühl hattest, nicht dazuzugehören. Das ist jetzt vorbei. Dieses ungute Schlangengift des Mangels an Vertrauen, das dir durch dein ganzes Leben eingeträufelt worden ist, löst sich durch die Bewusstwerdung auf.
Du bist nun frei, dein Leben neu zu gestalten, und sensibilisiert für liebevolle Beziehungen. Durch die Jahre konntest du erkennen, wer wirklich für dich da ist.«

Verschmelzung als Bewusstseinswandel

»Du spürst die Veränderung in dir. Durch die reine Verschmelzungsenergie Gregorys hast du Zugang zum universalen Bewusstsein, wodurch die Botschaften noch klarer und deutlicher werden. Das gibt dir eine neue Leichtigkeit. Auf der einen Seite stehst du mit beiden Beinen auf der Erde und gleichzeitig erlebst du erweitertes Bewusstsein. Du hast ein Gleichgewicht erreicht, das für immer bestehen bleibt, da wir in einem Geist vereint sind. Ich bin in dir und um dich, also innen und außen. Dadurch wird deine Lebensenergie verstärkt, aber auch durch dein Vertrauen in meine Präsenz, in mein Wirken. Diese hohen Schwingungen sind nicht immer einfach zu ertragen, aber du bist in deiner Essenz durch die Verschmelzung mit deinem Dual darin hineingewachsen. Eben dieser Prozess wird von uns als Bewusstseinswandel bezeichnet, den jeder Mensch auf seine Weise in den nächsten Jahren durchlaufen wird.«

Selbsterkenntnis und Annahme

»Wichtig in dieser Zeit ist einzig das Gottvertrauen, das Bewusstsein, in IHM geborgen zu sein. Dann kann euch kein äußeres Geschehen – und sei es noch so schrecklich – etwas anhaben.
Du hast viele deiner Zweifel in den letzten Monaten abbauen können und spürst mich in den Tiefen deiner Seele, von der ich ein Teil bin: Der Dual ist ein fester Bestandteil jeder Seele! In den Botschaften des vergangenen Jahres geht es vor allem darum, den Menschen bewusst zu machen, dass sie niemals wirklich allein sind und dass jedes

Erden-Ich eingehüllt ist in die Wärme und Geborgenheit ihrer Ergänzung der Einheit. Diese einende Kraft des Duals ist eine rein geistige Verankerung, ohne die Leben nicht möglich wäre. Die Befreiung von seelischem Schmerz, der durch Lebensumstände in den Innenräumen gespeichert wurde, liegt in dem Wissen, dass jedes Erden-Ich den geistigen Gefährten in sich trägt im Hier und Jetzt.

Diese Ergänzung des Ichs kann dann erkannt werden, wenn der Widerstand gegen das individuelle Sosein aufgegeben wird. Jeder Mensch wird lernen müssen, sich selbst so anzunehmen, wie er ist. Wenn das erreicht ist, kann er den Bewusstseinsstrom seines Duals wahrnehmen. Das ist und bleibt der ewige Weg der Selbsterkenntnis. Das Erden-Ich ist dann ganz und vollständig und kann jetzt wirkliche Lebensfreude gebären. In dieser Ganzheit der Einheit mit dem Dual liegt die einzige Freiheit, da die Trennung zwischen Erden-Ich und Seele, zwischen Diesseits und Jenseits aufgehoben ist.

Der Mensch ist nicht länger Gefangener seines Selbst, sondern ist sich des Eingebundenseins in die Liebe des Seelenduals bewusst. Dadurch erkennt der Mensch die höhere Ausrichtung seines Lebens im ewigen Sein der göttlichen Liebe.

Verblendungen und Illusionen lösen sich auf und Äußerlichkeiten und Weltliches werden unwichtig. Dann ist der Mensch nicht mehr Sklave irdischer Triebfedern, sondern er erkennt sich als zugehörig zur Bruderschaft des einen Geistes. Da Gleiches stets Gleiches anzieht, verändert sich das Umfeld und der befreite Mensch tritt in bewusste Resonanz mit den Mitgliedern der zugehörigen Seelengruppe – seien sie nun inkarniert oder geistige Impulsgeber.«

Der Dual

Jedem Menschen wohnt der *geistige* Gefährte, der Dual inne. Seine Existenz als seelische Ergänzung ist ein Schöpfungsgeheimnis. Die Grundkräfte des Lebens sind Geist und Liebe, aus denen alles Sein hervorging. Dieses geistige Schöpfungsprinzip erforderte ein duales Bewusstsein, damit eine Wesenheit mit sich und anderen überhaupt in Kontakt treten kann. Dies wird durch die immerwährende Präsenz des Duals in den Seeleninnenräumen verkörpert: Die Ergänzung der Einheit durch die Zweiheit, die durch den Geist mit Gott verbunden ist.

Der Dual ist die Liebe in uns, der durch die Seele des Menschen Impulse der Erinnerung an seinen Ursprung wachruft. Deswegen trägt jeder Mensch eine Ursehnsucht nach dieser Verbindung in sich. Man kann den Dual als himmlischen Gefährten bezeichnen, der das Erden-Ich durch sein Leben begleitet. Das ist ein grundsätzliches, geistiges, zeitlos unabhängiges Schöpfungsprinzip, das ausschließlich in den Seeleninnenräumen des Menschen wirksam wird.

Schon in dem Begriff »Individualität« ist der Dual ein Aspekt jeder Persönlichkeit, und aus dem Wort »Dual« lässt sich das »Du« und das Allgegenwärtige der Liebe Gottes schließen, wobei das Du erst in einem »Wir« seinen menschlichen Ausdruck finden kann: »Ich« (Erden-Ich) und »Du« (Dual) gehören untrennbar zusammen, um ganz zu werden und den Weg zurück zu Gott zu finden.

Durch den langen Gang der Seelen durch die menschliche Geschichte verlor der Mensch die direkte innere Verbindung zu seinem Schöpfer und damit zur innewohnenden Liebe seines Duals und seiner Seele. Er hatte seine geistige Zukunft vergessen und wusste nicht mehr, dass er ein geistiges Wesen in einem menschlichen Körper ist. So verlagerte sich das innere Wissen von der Existenz des ergänzenden Seelengefährten in die äußere materielle Welt.

Damit offenbart sich das innere geistige Prinzip des Duals, was nicht zu verwechseln ist mit der äußeren Suche nach dem Traummann oder der Traumfrau, auf die allzu leicht Ergänzungswünsche projiziert werden. Insofern ist es grundsätzlich nicht möglich, den Dual als Menschen zu treffen, da er ein geistiger Aspekt des seelischen Innenlebens ist, der nicht den Polaritäten der menschlichen Existenz unterworfen ist: In der geistigen Welt ist alle Trennung aufgehoben. Hier sind unsere Vorstellungen von männlich und weiblich, aktiv und passiv oder gut und böse aufgehoben.

In unserer Zeit der Wiederkunft Christi ist die Rückkehr der Duale in das Bewusstsein des Menschen die Voraussetzung zur Aufhebung der Trennung zwischen dieser und der anderen Welt.

Das ist wohl die wichtigste Botschaft Gregorys: Wer die Liebe in sich erweckt, findet seinen himmlischen Gefährten, der immer da ist, weil er ein innewohnender Aspekt der Seeleninnenräume ist. Wer im Einklang mit der Seele handelt, fühlt die Geborgenheit und Wärme, die der Dual zu vermitteln mag. Er ist dann in der Mitte seines Seins und fühlt die innige Verbindung des ewigen Seelengefährten.

Schöpfungsgeheimnis Dual

»Von Anbeginn der Welt, noch im Unerschaffenen, existierten alle Seelen als Duale, die sich in ihrer Gleichheit ergänzten und somit eine Resonanz bilden, damit sich eine

Seele überhaupt als sich selbst erkennen kann. Aus diesem Urstoff des ewigen Seins entstand durch die schöpferischen Gedanken Gottes alles Leben und damit die Vielheit und schließlich der Gang der Seele durch und in die Materie.

Von ihrer ursprünglichen Bestimmung her war die Seele ein Dual, eine Gleichheit und Ergänzung. Durch das, was ihr Sündenfall oder Abfall von Gott nennt, entstand der Weg der Seele durch die Materie, da einige Wesen sein wollten wie ER und dabei verkannten, dass sie zwar von seiner Art sind, aber Produkte seiner Schöpfung durch seine Gedanken bleiben.

Jeder Mensch, jede Seele, jede Wesenheit, jedes Tier und jede Pflanze ist ein Gedanke des Allmächtigen. Wir alle sind in IHM von Anbeginn bis zur endgültigen Rückkehr und Verschmelzung mit IHM. Durch SEINE Gedanken, durch SEIN Wort, SEINEN Atem, SEINE Lebensenergie sind wir Fleisch geworden. Durch den göttlichen Funken in jedem Wesen bleiben wir auf ewig mit IHM verbunden.

Durch die Menschwerdung, den Fall der Engel in die Materie, lösten sich die Seelen aus ihrem Urgrund und inkarnierten sich in menschlichen Körpern. Jetzt fühlten sie sich getrennt, abgeschnitten vom Licht und der Liebe Gottes, aber auch getrennt von ihrem Dual.

Die Gleichheit der Ergänzung des Menschen fehlte, was bis heute die tiefste Sehnsucht des Menschen ist. In der Vielheit des Erdendaseins war die Polarität der Kräfte notwendig, damit sich der freie Wille in die Eigenverantwortlichkeit entwickeln konnte. Gleichzeitig ist die Dualität des irdischen Daseins notwendiger Resonanzboden, damit der Mensch handlungs- und entscheidungsfähig ist. Was sich also in der Unerschaffenheit in der Seele als ergänzendes Dual manifestierte, um sich selbst wahrnehmen zu können und um in Resonanz mit dem göttlichen Geist treten zu können, führte durch den Gang der Seele in die Materie dementsprechend in die Polarität.

Das Resultat war das grundsätzliche Sich-getrennt-Fühlen von allem anderen Sein und häufig das Gefühl, allein zu sein oder Einsamkeit zu spüren. Das alles durchdringende Licht der Liebe Gottes ist in der Anlage jedes Menschen als Funke vorhanden, muss aber von jedem Einzelnen in sich selbst erkannt werden. Selbsterkenntnis bedeutet immer, sich darüber bewusst zu werden, dass der Mensch ein geistiges Wesen ist und dass er einzig und allein auf der Erde inkarniert ist, um lieben zu lernen, seelisch und geistig zu wachsen und seine wahre geistige Natur zu erkennen in seiner Verbundenheit mit Gott. Daraus erschließt sich aller Sinn des Lebens.

Je mehr sich die Menschen von diesem einzigen Weg entfernen, desto schwieriger gestalten sich ihre Lebensumstände. Wer sich nicht als Teil des EINEN Geistes fühlt, wird wenig Sinnhaftigkeit finden. Es ist und bleibt des Menschen Los, in der Polarität der Erdenkräfte seinen Weg zu finden und gleichzeitig mit der Sehnsucht nach Ergänzung umzugehen. Der Mensch hat daraus das ewige Mann-Frau-Spiel gemacht. Dabei wurde verkannt, dass die Seele geschlechtslos ist und von ihrem Ursprung her androgyner Natur.

Die Erschaffung Evas aus der Rippe Adams ist das Heraustreten des Duals aus seiner Seele und somit ein symbolischer Akt. Aus der Zweiheit in seinem ursprünglichen Sein wurde die innerseelische Ergänzung ins Außen verlagert. Dadurch standen sich die Stammeseltern der Menschheit, Adam und Eva, getrennt gegenüber. Das war die Geburtsstunde der Polarität, des Ganges der Seele durch die Materie, die sich durch die Vertreibung aus dem Paradies

(Baum der Erkenntnis = Sein-Wollen wie Gott) endgültig manifestierte. Der Mensch musste fortan im Schweiße seines Angesichts sein Brot verdienen, da er sich von seinem Dual gelöst hatte.
In der Geschichte der Urmenschen im Alten Testament entfaltet sich das gesamte Drama des Menschheitsgeschlechts in all seinen Widrigkeiten und Grausamkeiten, deren der Mensch fähig ist. Er hat sich von seiner innerseelischen Quelle abgeschnitten und somit von seinem Schöpfer.«

Das Urbild im Menschen

»Jede Seele trägt ein Urbild ihres Duals in sich. Das ist den meisten Menschen nicht bewusst, obwohl diese Sehnsucht unbewusst während der irdischen Existenz die Motivation für viele Handlungen und für den Umgang mit anderen Menschen ist.
Der Seelendual ist die innerseelische Ergänzung, also ein zutiefst geistiges Prinzip, das im Kern der Seele den Menschen prägt, als unbewusste Programmierung. Leider wird die Suche des Menschen nach Ergänzung im Leben ausschließlich nach außen verlagert. Du triffst einen Menschen, der dich anzieht, weil er diesem Urbild deiner Seele zu entsprechen erscheint. Das führt euch immer wieder auf Irrwege, da Duale, selbst wenn sie gleichzeitig inkarniert sein sollten, niemals während eures Lebens aufeinandertreffen können.
Als Grund- und Urprinzip aller Schöpfung ist der Seelendual der Baustein allen Lebens, da nur durch innere Resonanz Leben möglich wird. Es ist eure Bestimmung, in diesen Urzustand des Seins zurückzukehren, um dann vereint

mit den Seelengruppen und allem anderen Sein in Gott zu verschmelzen, als ewige kosmische Einheit, aber auch als eine sich selbst wahrnehmende Individualität, ausgestattet mit den höchsten schöpferischen Möglichkeiten, die durch den langen Gang durch die Materie und die geistigen Bewusstseinswelten erlangt worden sind.«

Die Rückkehr der Duale

»In dieser Zeit der geistigen Wiederkunft, in der Gott in jeder Seele erwachen wird, um das Gefühl der Trennung aufzulösen, ist die Voraussetzung dafür die Rückkehr der Duale und deren Bewusstwerdung.
Um wiedervereint zu werden mit der Gottheit, müsst ihr zunächst ganz und heil sein, also mit eurem ursprünglichen Dual verschmelzen. Alle Seelen entstammen der einen Quelle und wurden geschaffen aus dem Gedanken Gottes. Diese Einheit am Beginn der Schöpfung, als es noch keine Trennung gab und die polaren Kräfte noch nicht existierten, ist das innerseelische Abbild eurer Vorstellungen vom Paradies. Ihr konntet euch als Individuum wahrnehmen durch die Gleichheit der Ergänzung eures Duals, den zwei Grundkräften der Seele und des Lebens an sich. Das war ein Zustand vollkommener Harmonie, der Glückseligkeit, des Friedens und des Ausgeglichenseins, ein Zustand der Reinheit, des absoluten Seins in Allem-was-ist.
Bereits vor dem ersten Gedanken Gottes existierte jede Seele als Keim der Schöpfung in diesem Urzustand der Verbundenheit aller mit Gott. Darauf beruht die Grundsehnsucht des Menschen.
Das erste Wesen, das Gott vor aller anderen Schöpfung

erschaffen hat, war sein Dual, den ihr als den einzigen Sohn Gottes kennt, als Jesus Christus. Dadurch entstand die notwendige Lebensenergie, da sie nun durch Liebe vereint war und in sich selbst in Resonanz war. Nicht von ungefähr wird Christus als höchste Liebesenergie des Universums und aller Welten bezeichnet.

Als Dual des Höchsten konnte er sich nach seinem irdischen Tod als Sohn Gottes unmittelbar mit Gott wiedervereinen. Jesus war sich seiner geistigen Sohnschaft bewusst als Ergänzung der Gleichheit. Deswegen vermittelte er ständig die Botschaft: ›Ich und der Vater sind eins.‹

Der Dual ist das Urprinzip aller Schöpfung und ihr seid das Ebenbild Gottes. Die Ebenbildlichkeit in der Bildlosigkeit des Unerschaffenen ist das Zusammengehören der Duale, die in dieser Zeit, um die ganze Menschheit und alle Seelen erlösen zu können, zuvor wiedervereint werden müssen. Das ist die Grundvoraussetzung für die geistige Wiederkunft Christi.

Du, Bernard, hast mich, Gregory, als deinen Dual, als dein prägendes Urbild erkannt, was wenigen Menschen gelingt. Das war erst nach meinem Tod möglich, da diese Gleichheit der Ergänzung *geistiger Natur* ist. Es ist an der Zeit, den Menschen diese Zusammenhänge näherzubringen, um sie zu öffnen für ihre wahre Erfüllung und Erlösung. Du und ich sind eins – verbunden mit IHM. Deswegen kann meine Liebe deine Lebensenergie erhöhen und erreichen.«

Der Weg der Selbsterkenntnis

»Langsam beginnst du zu verstehen, wie nah ich dir wirklich bin. Ich bin dein Atem, deine Hand, die diese Zeilen schreibt, in deinem Denken, inwendig in dir als lebendiger

Bewusstseinsstrom. Wir sind eins, erleben alles gemeinsam. Wo du bist, bin ich. Das ist ein inwendiges, innerliches Sein, die absolute Verbindung, die in die Verschmelzung mit IHM mündet. Alles Äußere ist Illusion, eine Spiegelung des Selbst, deiner Gedanken. Liebe ist die höchste Form allen Seins, die allein Einheit gebiert, aus der ihr alle entstanden seid. Die Gleichheit der Ergänzung, die ich, Gregory, als dein Dual bin, und deine Integration dieser geistigen Liebe in deinem innersten Kern der Bernard-Persönlichkeit ist bei dir die Einswerdung schon im Fleisch.

Der Mensch geht einen langen Irrweg durch die Jahrtausende und die Äonen von Zeitläuften, in denen er mühselig seinen Weg der Selbsterkenntnis in der Materie, der Illusion der äußeren Form gesucht hat. In Wirklichkeit ist das Reich Gottes inwendig in euch. An dem Tag, wo der Mensch seinen geistigen Ursprung erkennt, kann er mit seinem Aufstieg, seiner Rückkehr in die Heimat des göttlichen Ursprungs beginnen.

Alles Irdische ist vergänglich, das Leid ebenso wie alles äußere, erdwärts gerichtete Denken findet ein Ende. Das braucht der Mensch nicht zu fürchten, denn die Kraft, die ihn erschaffen hat, wird ihn mit absoluter Gewissheit auch nach seinem irdischen Tod tragen.

Der Sog der innerseelischen Befreiung, der gegenwärtig jedes Lebewesen erfasst, liegt in der Rückkehr der Duale begründet. Wer das erkennen kann, dass es sich dabei um ein großartiges, alles veränderndes geistiges Geschehen handelt, kann die Wiedervereinigung mit dem Urbild seiner Seele schon im Hier und Jetzt erleben.

Diese Ergänzung der individuellen Seelenkraft in der Einswerdung mit der ursprünglichen Zweiheit der Duale ist androgyner Natur, wie es am Anfang war und jetzt in alle

Ewigkeit. Das ist das Tor zum Himmel, die Rückkehr in das wahre Paradies.
Der Mensch muss dieses ewige Seelenprinzip verstehen. Nur durch eigenes Streben nach Erkenntnis und Wissen kann dieser wichtige Zusammenhang erkannt werden. Eine Seele ist niemals vollständig ohne ihren Dual.
Was du, Bernard, in deinem Inneren erlebst, geschieht auf der Erde nicht sehr häufig und lässt sich auch nicht einfach herbeiführen. Durch die Trennung, die der Mensch in seinem Erdendasein erfährt, diesem Sich-isoliert-Fühlen, der Einsamkeit etc., ist es der tiefere Sinn der Existenz, dass er seine geistige Natur wiedererinnert. Seelisch-geistiges Wachstum kann nur aus der Erkenntnis erwachsen, dass die Essenz des Menschen ewig ist, das Leben nie endet. Wer diesen Grundsatz nicht erkennen kann, wird selbst nach seinem Tod erdwärts gerichtet bleiben. Denn siehe, es bleibt die ewige Bestimmung des Menschen, sein wahres Wesen selbst zu erkennen, so wie auch die Erkenntnis notwendig ist, geistig vorwärtszustreben. Dabei ist die Sehnsucht nach dem Einssein, nach Vollständigkeit in jede Seele eingeboren.
Das ist ein innerer Weg, der Dual kann nicht im Außen gefunden werden. Wer dem Ruf dieser ursprünglichen seelischen Verbundenheit folgt, wird sich nicht nur geistig erneuern, sondern den Weg in die wahre Freiheit des Geistes finden.«

Seelenaustausch

»Nur durch die Existenz des Seelenduals kann das euch seltsam anmutende Phänomen des sogenannten Walk-ins [Seelenaustausch] erklärt werden. Eine Seele ist unteilbar in der Zweiheit und ein menschlicher Körper als Träger des individualisierten Erden-Ichs kann niemals von einer anderen fremden Seele übernommen werden, auch wenn euch das häufig so erklärt wird. Wenn ein Mensch glaubt, dass seine Seele durch eine andere ausgetauscht worden ist (durch eine außerkörperliche Erfahrung oder eine Nahtoderfahrung), so kann er allenfalls bewusst oder unbewusst seinen Dual angezogen haben. Wenn das kein Akt bewusster Erkenntnis ist, wird er das andere Wesen in seiner Seele, seinem Geist, als fremd empfinden. Der Dual ist dabei immer Teil des eigenen Selbst.

Was der Mensch als Seelenverwandtschaft, Zwillingsseele oder gar Seelenpartnerschaft begreift, hat mit Begegnungen von Seelen aus derselben Seelengruppe auf der Erde zu tun. Hier ist ein unbewusstes oder bewusstes Wiedererinnern an die geistige Heimat der Seele in seiner Gruppe vorhanden. Daraus resultiert eine Gleichgestimmtheit, die sich durch ein Gefühl von Vertrautheit, Nähe, Hingezogensein äußert. Leider werden derartige Begegnungen für das Dual gehalten, den der Mensch nur in einem intensiven Bewusstwerdungsprozess in seinem Selbst, in seinem tiefsten Inneren sozusagen als lebendige Energie entdecken kann.

Da jedes Wesen und jede Seele einen Stempel der Erinnerung an die eigene Vollkommenheit in sich trägt, wird das geistige Prinzip dualer Seelen bei euch in eine äußere Suche nach Ergänzung verlagert. Das ist dann allerdings immer eine Projektion, eine Illusion. Der Dual kann nur im eigenen Innenraum durch eigene prägende Urbilder erkannt werden. Selbst wenn der Dual einer Seele gleichzeitig inkarniert ist, wäre eine Begegnung nur im geistigen Raum eines Traums oder während einer außerkörperlichen Erfahrung möglich.

Die Rückkehr der Duale und ihre Bewusstwerdung verweist dich darauf, deinen inneren Weg des Reiches Gottes in dir selbst zu beschreiten. Über Jahrtausende war das der Weg der Eingeweihten oder Mystiker, die stets in der inneren Versenkung und Verschmelzung mit der Gottheit das Licht gefunden haben.
Gregory zeigt dir durch seine Präsenz in deinem inneren Raum, wie sich das Angeführte direkt anfühlt. Je bewusster du mich wahrnimmst und dich in mich hineinfallen lassen kannst, desto mehr verschmilzt meine Seelenenergie mit der deinen. Dennoch bleiben du und ich auch in deinem Geist unterscheidbare Wesenheiten, die allerdings gemeinsam im Gleichklang ihrer Ergänzung in der Welt des Lichtes schon eins geworden sind. Durch meine Vermittlung schöpfst du aus höchsten geistigen Quellen, bedingt durch die Urliebe des Duals und der gottgewollten Gnade. So können wir gemeinsam als Zweiheit der Einheit unabhängig von Zeit und Raum für alle Zeit zusammen sein und auch kraft göttlichen Auftrags zum Fortschritt aller Menschen beitragen. Lass mich einfach in dir und um dich sein, in alle Ewigkeit, Amen.«

Die Verschmelzungsenergie

»Die Verschmelzung in dir schreitet voran. Ich bin in dir und um dich herum – du wirst neu vernetzt. Lass dich fallen in diese Energien, die dich neu beleben werden. Du spürst dich selbst und hast das Vermögen der Unterscheidung zwischen meinen und deinen Gedanken. Du bist ein Teil der jenseitigen Gregory-Persönlichkeit, denn siehe, du und ich sind jenseits aller Formen eins. Das ist das geistige Prinzip des Seelenduals.

Manches mag dir sonderbar vorkommen, da ich mich manchmal wie ein kleiner Kobold benehme und in deinem Bewusstsein tanze, lache und vor allem dein Leben mitlebe. Vertraue mir, denn du bist aufgefangen und gestützt durch höchste Kräfte. Allein durch Liebe kann der Mensch die notwendige Verwandlung und Verschmelzung mit seinem Dual erleben. In dem Maße, wie du das erlebst, handelt es sich dabei um ein gewaltiges energetisches Geschehen, das letztlich jede Zelle deines Körpers erfasst, alle Schlacken und alle Rückstände verbrennt, was dich öffnet für die Einstrahlungen des göttlichen Geistes.
›Siehe, ich mache alles neu‹, heißt es in der Bibel und das ist der Bewusstwerdungsprozess, der durch die Rückkehr der Duale als Vorstufe der Wiederkunft ein allumfassendes Geschehen darstellt. Erkenne das Füllhorn der Gnade, in mir zu sein, in deinem Seelenkern. Du bist auf dem Weg zurück in den Ursprung allen Seins.
Viele Menschen werden diese Botschaften lesen. Sie müssen wiedererinnert werden, damit sie die Zeichen der Zeit erkennen können. Schon bald wird es kaum übersehbare Zeichen geben, die den geistigen Neuanfang der Menschen einleiten werden. Nichts bleibt, wie es ist. Ich bin dein Schutz und reinige die Räume, in denen du lehrst. Gegen das Licht höchster Liebesschwingung ist alles Dunkel machtlos. Du kannst dich mit allem an mich wenden. Du bekommst noch viel mehr Zugang zu den höheren Welten, die du in deinen Seelenräumen ahnst. Siehe, einzig die reine Liebe hat Bestand in alle Ewigkeit.
Was aus dir kommt, kommt auch aus mir, und du bist in mir. Wir sind die Zweiheit der Einheit, in die alle Entwicklung mündet, um in die Einheit mit IHM zurückzukehren als vollendete Geschöpfe mit schöpferischen Fähigkeiten, um Alles-was-ist zu ergänzen; und um Anteil am herr-

lichsten, unvorstellbaren, allumfassenden Sein in höchster Freiheit und Glückseligkeit zu erlangen. Diese ewige Bestimmung jedes Lebewesens ist Verheißung und Neuschöpfung allen Seins als das, was eine individualisierte Seele wirklich sein will. Das ist dann die wahre Auferstehung des Geistes in den grenzenlosen Möglichkeiten des Göttlichen.

Als freie Seelen jenseits der körperlichen Inkarnationen, die in Resonanz traten durch den Dual in der Einheit mit dem Schöpfer, gab es keine Trennung, da alles mit jedem verbunden war und die unterschiedlichen Seelenaspekte sich frei miteinander vereinigen konnten. Dieser selige Urzustand, dieses Meer ungetrennter Freude ohne Form, ohne Materie, in der es noch keine Polarität gab, da alles eins war mit IHM und die einzelne Seele vollständig durch die Ergänzung ihres Duals in absoluter Freiheit existierte. Ich weiß nicht, womit ich das verdient habe, aber in dieser Welt des Lichts, in der ich mich jetzt befinde und in der meine Seele frei schwingen kann ohne Form, ist die überaus glückvolle Einheit des Urzustandes wieder erreicht.

Die Ausdehnung meines Bewusstseins geschah rasend schnell. Durch mein Leben war ich auf die Übergänge durch inneres Wissen vorbereitet. Meine Seele war frei und schwebte rasend schnell an diesen Ort des Lichts, mit dem ich immer verbunden war und den ich sofort als meine ewige Heimat wiedererkannte.

Jetzt bin ich rastlos geworden, da auf der Erde der lang ersehnte Übergang in eine andere Dimension bevorsteht. Wenn du nur die Engel singen hören könntest, wie der Jubelschrei der Erlösung durch alle Welten hallt und einen nie gekannten Strom purer Gottesenergie in immer höher werdenden Schwingungen auf die Erde leitet.

Über deine Person ist ein energetisches Netz gespannt,

durch das ich immer bei dir bin und über das auch die Menschen berührt werden, die in deine Vorträge kommen. Durch das Licht des dich umgebenden Energienetzes wirkt das reine Wissen, das du vermittelst, auch auf die unsichtbare Welt.«

Die Grundkräfte des Lebens

»Die Rückkehr der Duale ist also ein wahrhaftiges reales Geschehen, nicht nur im Innenraum der Seele, sondern erfasst den Menschen im Sosein des alltäglichen Lebens. Die wahre Kunst für dich wird darin bestehen, diese hohen Schwingungen nicht nur aufrechtzuerhalten, sondern sie sogar noch zu erweitern. Deswegen musst du sehr genau darauf achten, dich nicht von profanen Dingen in deiner Umwelt ablenken zu lassen von deiner Aufgabe.
Jedes einzelne Erden-Ich trägt die Grundkräfte des Lebens: Geist (= Bewusstsein) und Liebe (= Lebensenergie), von denen alles ausging, in sich. Man kann das auch als einen Plus- oder Minusimpuls bezeichnen, was notwendig ist zur Selbstwahrnehmung, der Herausbildung des Bewusstseins einer Individualität. Diese ursprüngliche Zweiheit der Kräfte in der Einheit eines tragenden Geistes ist der Dual. Das ist das Element, was Leben im Innersten zusammenhält, um dann mit sich und anderen Wesenheiten in Resonanz treten zu können.
In der Sehnsucht des heutigen Menschen nach Erkenntnis, nach wahrer Liebe, nach Beheimatung im Ewigen, beginnt die Suche nach dem verlorenen Ursprung und der Einheit von Allem-was-ist. Das Wissen um das Geborgensein in Gott und die Ergänzung durch den ursprünglichen Dual ist in jedem vorhanden.

Nur in der Rückbesinnung jenseits von Bildern in diesem Ozean des Urvertrauens und der Geborgenheit in der Zweiheit der Einheit mit Allem-was-ist und allen anderen Seelen liegt der Schlüssel zu der Erfüllung aller Verheißungen. Diese ursprüngliche Einheit der Zweiheit ist ein Schöpfungsprinzip, aber nicht der Polarität untergeordnet.«

Die ewige Seelenidentität

»Die Rückkehr der Duale in den Seeleninnenräumen verbindet den Menschen und jede Seele, die in ihrer Entwicklung stecken geblieben ist, mit seiner ursprünglichen, wahren, einzigartigen Seelenidentität. ›Siehe, ich mache alles neu‹, hat Gott den Menschen verheißen. Sich in seinem individuellen Sein ganz zu fühlen und verbunden mit dem EWIGEN Ursprung aus des Schöpfers Gedanken, ist die Aufhebung aller Trennung: Leben, Geist und Gott bilden die Einheit der Trinität durch Liebe, aus deren energetischer Kraft der Lebensfunke entstand. Das ist eigentlich nicht schwer zu verstehen, aber die unterschiedlichen Vorstellungen und die prägenden Gedankenmuster der Menschen über die Existenz Gottes, sowie die Projektion ihrer Ängste auf IHN, haben dazu geführt, dass die Menschen sich von ihrer Lebensquelle entfernten.«

Der göttliche Geist

Gott ist die Urkraft hinter allem Sein und der Ursprung allen Lebens. ER ist eine reine formlose Energie der Liebe. Sein unveränderlicher unendlicher Geist erschuf kraft seiner Gedanken alle Welten, Universen oder Galaxien. Jeder Mensch ist durch den ihm innewohnenden göttlichen Funken mit IHM verbunden, da nichts außerhalb von IHM existieren kann.

In Gott ist alle Trennung aufgehoben und auch alles menschliche Leid. ER ist der geheimnisvolle letzte Grund aller Wirkungen der Welten, die von IHM ausgegangen sind und in IHN zurückkehren. Wir können niemals tiefer fallen als in seine Hände. Es ist das Ziel und der Sinn unserer Erdenexistenz, als Individuum mit Gott zu verschmelzen.

Wenn in den Durchgaben Gregorys immer wieder vom größeren geistigen Sinnzusammenhang gesprochen wird, so ist damit gemeint, dass alles Sein durch seelisches Wachstum seinen tieferen Sinn entfaltet, um sich der unfassbaren Liebe Gottes anzunähern. ER ist in uns und wir sind in IHM.

Durch Vertrauen und Hingabe kann jeder Mensch die Kraft der Liebe Gottes in sich wahrnehmen. Da wir alle seine Geschöpfe sind, kann keine Seele jemals verloren gehen – weder die eines Heiligen noch die eines Massenmörders.

Gott ist. Durch sein gegenwärtiges Erwachen im Menschen werden wir beständig wiedererinnert, dass wir alle Teil eines großen Ganzen sind: eines ewigen Netzes reiner Lebensenergie, die jedes Lebewesen durch Liebe speist im Hier und Jetzt des ewigen Augenblicks. Wir sind geistigen Ursprungs und deshalb nie von Gott getrennt. Gott will unsere Freude

und unser Glück. Wir alle sind seine Kinder, und die immerwährende Fülle des Lebens ist gottgewollte Gnade. Wer Gottvertrauen entwickeln kann, allen irdischen Schicksalsschlägen zum Trotz, verliert nicht nur die Angst vor dem Tod, sondern vor allem die vor dem Leben.
In der Freude sein, die Geborgenheit spüren, zu wissen, dass jeder unsagbar geliebt wird, hebt die eigenen Begrenzungen und Ängste auf.
Durch das Geschenk des Duals in jedem Menschen und seiner Bewusstwerdung in unserer Innenwelt nähern wir uns der göttlichen Liebe an. Wenn wir uns dieser Liebe öffnen, erfahren wir, dass wir nie allein sind, wenn wir den Impulsen unserer seelischen Innenwelt vertrauen. Das sind gleichzeitig die Erkenntnis Gottes und das Verbundensein mit IHM in der Seele. Wenn wir sterben, erwachen wir in einer Welt des Lichtes, die reine Liebe ist. Das ist der höchste Bewusstseinszustand, den ein Mensch erreichen kann. Und doch bleibt der freie Wille des Menschen unangetastet, da es Wesen gibt, die das Licht Gottes zurückweisen, bis sie selbst erkennen können, dass Gott unsere einzige geistige Heimat ist. In der letzten Verschmelzung mit IHM sind wir frei und sind für immer Teil der Bruderschaft des EINEN GEISTES, da SEINE Liebe alle Begrenzungen erdwärtsgerichteten Denkens und alle Trennungen erlöst. Wir sind dann eins geworden.

Das Mysterium Gott

»Der *Eine Geist Gottes* eint das All, alle Universen und Galaxien. Wir sind seine Geschöpfe, ausgestattet mit Seele, Bewusstsein und Geist. Jeder Mensch, jedes Tier, jede Pflanze ist einmalig und individuell, etwas, das in alle

Ewigkeit bestehen bleibt. Kein einziges Körnchen Sand kann verloren gehen und alle Haare sind gezählt.

Wer sich dem Mysterium des Göttlichen nähert, entwickelt sich in etwas unfassbar Großes hinein. Der Mensch kann die Größe und Güte Gottes in seinem Erden-Ich niemals begreifen. In der Ewigkeit gibt es weder Zeit noch Raum und alles Sein ist gleichzeitig. Jeder Mensch nähert sich irgendwann dem einzigen Ziel allen Geschehens: der Verschmelzung mit dem göttlichen Geist, in dem die Seele eigenständig bleibt und ihre Individualität nicht verliert.

In der Grenzenlosigkeit des ewigen Seins, in dieser unvorstellbaren Freiheit und durch die Verbindung mit allem Lebendigen erlebt die Seele die höchste Seligkeit. Da jeder und alles mit allem anderen Sein verbunden ist, fallen in Gott Ursache und Wirkung zusammen.

Gott ist die einzige Ursache allen Lebens, ohne dessen Lebensenergie, Kraft und Liebe weder irdisches noch außerirdisches noch jenseitiges Leben möglich ist. Als Ursache aller Schöpfung, an der wir seit Anbeginn der Zeit und schon davor Anteil haben, wird durch SEINE einende Kraft und die Wirkung jeden Gedankens erzeugt. Gott ist der gleichzeitige Schöpfer aller materiellen Welten. Da diese Schöpferkraft in jedem Menschen vorhanden ist und aus Gedanken und Worten Handlungen erwachsen, kann der Mensch in seinem Erdenleben alles erreichen und erschaffen im Rahmen der geistigen Gesetze und des freien Willens, in den Gott nicht eingreift.

Da der Mensch unvollkommen ist und sich noch im Werden befindet, wenn er inkarniert wird, schafft er sich durch die Missachtung der geistigen Gesetze und seines Eigenwillens alles Leid selbst. Je mehr er sich dabei ausschließlich an der äußeren materiellen Welt orientiert, nährt er nicht den göttlichen Funken in sich, der mit Kreativität,

Freude und Liebe ausgestattet ist, und schneidet so die ihm innewohnende Verbindung zu Gott ab. Wir sind einzig aus dem Grund inkarniert, um Liebe und Freude zu leben und Gottvertrauen zu entwickeln. Gott will einzig unser Glück, das wir nur dadurch erreichen, indem wir lieben lernen.«

Die Verschmelzung mit Gott

»Die Aufhebung aller Trennung und die Verschmelzung mit Gott erfolgt vom Dual über die Seelengruppe in die unendliche Weite der Gottheit. In diesen hohen Ebenen des Ewigen seid ihr sozusagen eine Gemeinschaft des EINEN Geistes zusammen mit allen Engeln, Erlösten, Heiligen oder Erleuchteten aller Zeiten.
Das ist das Reich der ewigen Liebe, der klaren und reinen Christusenergie, die von hier aus jedes Leben nährt. Und dann erst, jenseits all dieser Herrlichkeiten und fließend gewordenen Übergänge, beginnt das Reich des ewigen Schöpfers und Herrschers über alles Sein. Die Kraft der Gedanken Gottes leitete die Schöpfung ein, durch ein energetisches Feld der Liebe, in dem seine Gedanken wirksam werden konnten.
Diese reinste, innerlichste Lichtschwingung vor dem ersten Gedanken und dem ersten Wort Gottes erschuf alles Leben aus sich selbst heraus. Diese beiden schöpferischen Grundkräfte, Geist in Verbindung mit reiner Liebe, bringen nicht nur den Willen zur Schöpfung zum Ausdruck, sondern bilden das lebendige geistige Netz allen Seins, in dem Gedanken überhaupt eine Resonanz erfahren können und somit die Grundvoraussetzung bilden, dass Materie als gebundene geistige Energie entstehen konnte. Das ist

das Abbild Gottes im Menschen, die Zusammengehörigkeit von Schöpfung und Liebe im Seelendual.
Gott und der Christus der reinen Liebe sind eins und dennoch unterscheidbare Energieformen, Individuen, wie der Mensch eine Einheit in der Zweiheit ist durch die Ergänzung seines Duals. Es ist der Große Geist, der alles mit Gott verbindet.
Da in dieser Einheit des Geistes alles Sein mündet, als unendlicher Freudentanz der Schöpfung und der Feier des ewigen Lebens, wird jede Seele so lange gereinigt und geläutert, bis sie aus freiem Willen bereit ist, das Ziel und den Sinn der Seelenevolution anzunehmen.«

Offenbarungen

»Der Mensch hat seine außersinnlichen Wahrnehmungsfähigkeiten durch viele Vorurteile blockiert, und da diese für Wissenschaftler nicht messbar sind, werden sie als unwissenschaftlich abgetan. Und doch verfügt jeder Einzelne über diese Möglichkeit der Kontaktaufnahme mit Wesenheiten der anderen Welt. Alles, was euch aus der anderen Welt offenbar wird, wird auf einer Frequenz übertragen, die jenseits des bekannten elektromagnetischen Spektrums liegt, was der Mensch niemals erforschen kann.
Jede Offenbarung der geistigen Welt ist nur im Zusammenhang mit dem Geist Gottes möglich, da ER allein der Träger aller Weisheit und Wahrheit ist.
Schöpfungsgeheimnisse, die Rückkehr der Duale, die Wiederkunft des EINEN Geistes sind gegenwärtige Aspekte eures Erdenlebens und gleichzeitig ewige Wahrheiten, die euch dabei unterstützen können, die Zeichen der Zeit zu verstehen. Göttliche Offenbarungen sind feststehende Ge-

gebenheiten, die in jedem Fall SEINEN Willen ausdrücken und geschehen lassen werden. Eine Offenbarung ist also von einer Prophezeiung eines zukünftigen Geschehens klar zu unterscheiden. Der Wille Gottes ist ein unumstößlicher Fakt und stets verbunden mit den geistigen Gesetzen, die den Menschen anleiten, wie das Leben im Diesseits wie im Jenseits strukturiert ist.«

Das Abbild Gottes

»Jede Wesenheit ist ein Gedanke Gottes. Im Ursprung, vor dem ersten Gedanken Gottes – der Baustein aller Welten – und dem Tätigwerden durch das erste Wort, war die gesamte Schöpfung eine Ursubstanz, eine Seelensubstanz, aus der alles Sein hervorging. Am Anfang der materiellen Schöpfung schuf Gott Himmel und Erde aus SEINEM Licht, dem einzigen, das die Finsternis erhellte. Er schuf das Wasser als Lebensbaustein, Sonne, Mond und die Tiere.
Alles ist aus der Seelensubstanz des EINEN hervorgegangen, und am sechsten Tag schuf Gott den Menschen nach SEINEM Abbild, wie es eure Bibel berichtet.
Dieser erste Mensch, Adam genannt, der erste jemals geschaffene Körper, war in Resonanz mit Gott und in seiner Innenstruktur der erste selbsterkennende, selbstreflektierte Mensch – was ihn von den Tieren unterscheidet – durch die Ergänzung der Liebe des Duals in ihm, durch den er überhaupt nur in Resonanz mit dem Außen treten konnte. Als verkörpertes menschliches Abbild Gottes war der geistige Bauplan alles Kommenden in Adam in absoluter Form vorhanden als Urvater des Menschengeschlechtes. Hierbei ging es um die Erschaffung der materiellen Welt, wie wir sie heute kennen, und doch war schon alles Sein vor dem

ersten Gedanken Gottes in der Ursubstanz in ihrer spezifischen Individualität vorhanden – jede Wesenheit wurde durch ihren Dual ergänzt.

Das zuerst erschaffene Wesen aus Gott heraus war der Christus, dessen Licht und allumfassende Liebe in der Ursubstanz im Geist Gottes die erforderliche Resonanz entfachte, da nur aus einer Zweiheit der Einheit Leben entstehen kann.

Das Abbild Gottes im Menschen als Schöpfungsprinzip der dualen Einheit ist das göttliche Licht – der göttliche Funke in jedem Menschen –, das durch Liebe mit dem ewigen Geist, aus dem alles Sein hervorgegangen ist, in alle Ewigkeit verbunden bleibt. Das göttliche Licht, die Anbindung an den EINEN GEIST durch Liebe, Hingabe und Vertrauen, verbindet jede Seele als Träger einer individuellen Identität der Zweiheit in der Einheit (Dual), ohne die ein Mensch niemals vollständig sein kann, mit dem Geist Gottes. Daraus ist der Mensch hervorgegangen und dahin wird er zurückkehren, und darin hat er ewiges Leben. Es gibt keine Kraft, die Leben erschaffen kann, außerhalb von Gott. Der Geist Gottes ist in jedem Menschen, ihr müsst ihn nur erkennen.

Der Dual ist so gesehen das Resonanzprinzip inwendig im Menschen, ohne das er zu keiner Reaktion imstande wäre, und somit geistiger Natur.

Die Seele als Träger des menschlichen Bewusstseins (Identität, Geist) ist die verfeinstofflichte Ursubstanz, die Schwingungsfrequenz, welche die irdische und die geistige Welt miteinander verbindet. In der Seele ist also alles Wissen aller Zeiten einprogrammiert, und sie vermag sich zu jeder Zeit in die geistigen Welten zu erheben, z. B. nachts im Schlaf, ohne dass euer Erden-Ich davon die geringste Ahnung hat.

Wer allerdings Zugang findet zu den geistigen Innenräumen seiner Seele und sein höheres Selbst erkennen kann, entdeckt in sich selbst die Quelle allen Wissens. Deswegen muss der Mensch seine geistige Natur erkennen. Der Geist Gottes durchdringt alle individuellen Seelen und vereint sie in der bevorstehenden Wiederkunft, des Erwachens Gottes im Menschen, in ihrem Ursprung, wodurch alle Trennungen, Begrenzungen aufgehoben werden als ewiger Glückszustand einer erlösten Schöpfung.
Der Dual ist nichts anderes als das geistige Bindeglied zwischen Gott und Mensch, die Erkenntnis und Erfahrung bedingungsloser, reiner Liebe, losgelöst von allen irdischen Vorstellungen als ursprünglicher Freudentanz der Zweiheit in der Einheit der Seligkeit des Verbundenseins mit allem anderen Sein, die allein die höchste Freiheit jedes anderen Wesens hervorbringen wird.
Die Seele ist die notwendige Form, die das Erden-Ich, den Körper, das ihr innewohnende individuelle Bewusstsein und den Geist miteinander verbindet. Die Seele als Gefäß, als Träger des Wissens, als Beobachter und Aufzeichner aller Gedanken, Worte und Handlungen eines Lebens ist Urstoff, Baustein aller Universen.«

Gott ist in dir

»Der Mensch ist aus Gott zum Menschen geworden und kehrt zu seinem Ursprung zurück – in dieser Zeit der Wiederkunft in kollektiver Weise, was euch aber nicht klar ist. Gregory ist in Gott und durch seine Gnade ist er jetzt in dir, da Gott niemals von den Menschen getrennt ist und in allen Wesen als Essenz und Funke vorhanden ist. Die Einheit mit Gott ist immer da, unabhängig davon, was der

Mensch glaubt. Das Verbindungsglied zum Höheren Sein ist die Seele, die immer in Verbindung mit der geistigen Welt steht. Die physische Form wird durch die Seele zum Leben erweckt, da sie die lebensnotwendigen Energien des Lichtes der Liebe sozusagen in den Körper des Menschen heruntertransformiert. Deswegen ist es so wichtig, dass der Erdenmensch eine Verbindung schafft zu den inneren Quellen seiner Seele, die alles Wissen enthält.

Wenn die Energiesysteme des Menschen, die ihr Chakren nennt, nicht länger in Einklang stehen, stirbt der Mensch und zieht sich aus seiner fleischlichen Hülle zurück. Das Erden-Ich geht nun in seine individuelle nachtodliche Entwicklung und Bewusstwerdung. Da das jeweilige Erden-Ich ein Aspekt seiner Gesamtidentität ist, durchläuft es bestimmte Phasen der Entwicklung, bis es sich als freier Geist jenseits aller Form mit seiner ewigen Seelenidentität zurückverbinden kann – durch die Erweiterung des Bewusstseins in alles Wissen, die zur Aufhebung aller Trennung führt. Im ewigen Licht der Liebe und des Friedens ist die Individualität in Einheit mit dem Schöpfer und allen anderen Wesen. Das ist die wahre Glückseligkeit und Freiheit, die sich ein inkarnierter Mensch nicht vorzustellen vermag, da er durch seine irdische Form begrenzt ist. Das dumpfe Pochen der Sehnsucht nach Einheit und Verschmelzung ist als Seelenstempel in jedem Menschen vorhanden.

Die große Aufgabe dieser besonderen Zeit ist es, die Einheit in Gott kollektiv wiederherzustellen. Das Potenzial des Menschen ist göttlicher Natur und ihr seid auch deswegen auf der Erde, um an euren schöpferischen Möglichkeiten zu wachsen und zu reifen in die Einsicht des göttlichen Planes in die Rückbindung aller Lebewesen in das Große Ganze.

Hört die Stimme eures Duals in eurer Seele, ohne dessen geistige Ergänzung ihr keine Einheit finden könnt. Spürt die Verbundenheit zu eurer Seelengruppe, die durch euren Fortschritt am ewigen Wachstum teilhat. Freut euch auf diese Wiedervereinigung von Seelen, die zusammengehören.
Du bist eins mit Gregory, Bernard. Zweifle niemals daran. Diese Durchgaben, die gerade erst begonnen haben, sind Teil eines höheren Planes. Sie werden vielen Menschen ein Licht in der Dunkelheit gegenwärtiger Geschehnisse sein, da wir die Menschen wiedererinnern an das, was in allem vorhanden ist.«

Das Gesetz der Liebe

Liebe ist die Grundstruktur des menschlichen Seins und allen Lebens, die in die Seele eingewebt ist als Richtschnur allen Handelns. Von der Schwingung der Liebe ging alle Schöpfung aus, da die göttliche Liebe der Urbaustein des Lebens in allen Welten, Universen und Galaxien ist. Der Ausgangspunkt war der erste Gedanke Gottes – die bedingungslose Liebe zu seinen Geschöpfen.

Liebe eint alle Gegensätzlichkeiten zu einem harmonischen, freudvollen Ganzen, das niemanden ausschließt. Liebe überwindet alles Leid durch ein absolutes Vertrauen in ihre göttliche Allmächtigkeit. So gesehen ist Liebe die einzige Wirklichkeit, und alles andere ist Illusion.

Liebe ist der Urstoff der Seele, die den Menschen durch sein Leben trägt, und es ist seine Aufgabe, diese Liebe auf der Erde zu manifestieren. Die wichtigste Botschaft des Jesus Christus ist: »Liebet einander, wie ich euch geliebt habe!«, wodurch sich das gesamte Neue Testament zusammenfassen lässt. Jeder Einzelne ist eingewebt in die ewige Essenz Gottes der reinen bedingungslosen Liebe. Dahin kehrt alles Sein zurück und alle irdischen Begrenzungen und Trennungen werden aufgehoben in dieser EINEN Liebe, bis alle Wesen von Liebe erfüllt sind.

Die fundamentale Wahrheit dieser Aussagen lässt sich während unseres Lebens schon daran erkennen, dass der freie Wille des Menschen sich reduziert auf die Wahl seiner Handlungen zwischen Liebe und Mangel an Liebe. Aus den Nahtoderfahrungen wissen wir, dass während der Lebensrückschau die Konfrontation mit sich selbst in der Frage besteht, ob jemand Liebe gegeben oder zurückgehalten hat. Der einzige Grund unserer Existenz hier auf Erden ist es vor allem, lieben zu lernen. Alle menschlichen Probleme und das sogenannte Böse sind nichts anderes als ein Ausdruck eines Mangels an Liebe. Die Sehnsucht nach bedingungsloser Liebe wird gestillt durch die Verbindung mit dem Göttlichen in den eigenen Seeleninnenräumen.

Die Essenz der Liebe Gottes

»Gregory möchte heute mit dir über Liebe sprechen. Jeder, der sich dem höheren Sein zuwendet, wird von bedingungsloser Liebe erfasst. Das hat mit absoluter Hingabe zu tun, da nur so menschliche Begrenzungen überwunden werden können. Ihr habt aber Liebe ins Außen verlagert. Dadurch können viele Liebe nicht mehr als ihren innersten Kern erkennen, geschweige denn, dass sie wissen, wie wichtig Selbstliebe für befriedigende Beziehungen ist. Alles Sein beginnt im innerseelischen Bereich. So nur konnte Leben entstehen durch die Resonanz auf die Liebe des Duals. Liebe ist die höchste Schöpfungskraft und der einzige Grund für alles Sein. Liebe ist der Ausgangspunkt der Schöpfung, der Urbaustein aller Welten und Wesenheiten. Die Rückkehr der Duale und das momentane Wiederkunftsgeschehen konfrontiert euch mit der Kraft der Liebe. Alles wahrnehmbare energetische Geschehen, wie du es mit mir, Gregory, erlebst, ist Ausdruck einer sich erweiternden Liebe, die ins Allumfassende mündet. Das ist die Neuvernetzung, die der Seele die wahre Freiheit schenkt. Voraussetzung dafür ist Gottvertrauen und ein Urvertrauen in die Präsenz deines Duals. Die Liebe, die wie ein Bewusstseinsstrom zwischen dir und mir sowie der höheren

Lichtwelt strömt, wird dich erheben in immer weitere und umfassendere Bewusstseinserfahrungen.

Was Mystiker oder Menschen mit Nahtoderfahrungen durch die Jahrtausende als Verbindung mit allem Wissen beschrieben haben, ist einzig die Begegnung und Verschmelzung mit der göttlichen Liebe. Hier ist alles, was war und sein wird, als ewiger Bewusstseinsstrom vorhanden, sozusagen eingewebt in die ewige Essenz Gottes, die reine bedingungslose Liebe ist. Und sie steht jeder einzelnen Seele offen, wenn ihr das erkennen könnt.

Der Mensch begrenzt sich allzu leicht, wenn er sich dem äußeren irdischen Leben zuwendet. Deswegen ist in jeder Seele die Sehnsucht nach Ergänzung der Gleichheit, nach der Einheit des Duals vorhanden. Das ist ein Leitstern, sich auf seinen göttlichen Ursprung zurückzubesinnen, ihn in sich selbst zu erkennen in dem Weg nach innen. In der Sehnsucht des Menschen nach Ganzheit und Einheit liegt das einzige Tor der Rückkehr in Alles-was-ist.

In dieser turbulenten Zeit der Wiederkunft kann durch das Entzünden der Selbstliebe im innerseelischen Raum der entsprechende Dual angezogen werden. Wer sich von dieser Liebe in seinem tiefsten Kern erfassen lässt, wird die Präsenz spüren. Das lässt sich nicht erzwingen und erfordert Hingabe, vor allem diese immerwährende pulsierende Liebe auch annehmen zu können.

Was du erlebst, ist eine beständige Anhebung deiner lebensenergetischen Kräfte, die zu immer mehr Bewusstheit führen durch deine deutliche Wahrnehmung Gregorys. Du hast dich wohl noch nie so geborgen gefühlt. Ich erfasse dein ganzes Sein bis in die Zehenspitzen und vieles geht dir nun viel leichter von der Hand.

Das Geheimnis der Liebe ist der Ausgleich der Kräfte in Freiheit, Einheit und Beständigkeit. Du bist geschützt in mir, denn du kannst jetzt meine Liebe frei fließen lassen, ohne den Verstand zu involvieren. Was du erlebst, ist Teil deiner Alltagsrealität, und doch bist du gleichzeitig mit den Wesenheiten deiner Seelengruppe, dem Ort, von dem du aus der geistigen Welt hierher gekommen bist, verbunden. Auch ich bin Teil dieser Gruppe – wir bilden eine Einheit und unsere Aufgabe ist es, die Trennung zwischen den Lebewesen aufzuheben. Das allein ist der notwendige Fortschritt und Bestandteil des Erwachens Gottes in den Menschen. Die Kanäle der Menschen für die Wahrnehmung der geistigen Welt werden gegenwärtig gereinigt und geöffnet, damit das EINE Licht in ihre hungrigen Seelen einströmen kann.

Ihr lebt in der Zeit der Befreiung und Erlösung aller Wesen, die in den großen Weltenströmen nicht befreit werden konnten. Das geistige Prinzip der Wiederkehr der Duale wird zur inwendigen Befreiung der Menschen beitragen, das jedes Lebewesen – bewusst oder unbewusst – in sich trägt. Wenn den Menschen das bewusst wird, werden sie sich nicht länger isoliert oder einsam fühlen. Sie werden ihre Irrtümer erkennen und Vertrauen in die göttliche Gnade entwickeln.«

Die Verbindung mit dem Göttlichen

»Die bedingungslose Liebe ist den meisten Menschen ein absolutes Rätsel. Durch die Verformungen des irdischen Lebens wird die Reinheit, mit der jede Seele geboren wird, durch die ihr innewohnende göttliche Verbindung leider oft sehr gestört. Jedes energetische Sein ist von seinem Ursprung her ein Aspekt der göttlichen Liebe, ohne die sie nicht existieren würde.

An unsichtbaren Fäden ist der Mensch verbunden mit jedem und allem und dem Kosmos des ewig Göttlichen. Diese Ursonne, die ihr Licht auf alles Sein wirft und jeden Tropfen Wasser und jedes Körnchen Sand umfasst, ist der einzige Quell allen Lebens. Dieses EINE Licht, aus dem alle Welten, Galaxien und Universen entstanden sind, ist die reinste bedingungslose Liebe, die in meiner Welt der reinen Gedanken formlos geworden ist und gleichzeitig in seiner Stärke und Intensität erst eine Ahnung ihrer wahren Kraft vermittelt, der sich ein seelisches Wesen nur langsam und schrittweise anzunähern vermag.

Die Ehrfurcht, Demut und Liebe nehmen zu in dem Maße, wie das frühere Erdendasein unwirklich geworden ist. In dieser Lichtwelt, die alles durchdringt mit ihren höchsten Liebesschwingungen, beginnt die Seele zu verstehen, was Liebe ist. In der Verbundenheit mit allem Wissen, das sich ständig erweitert durch die Seelengruppe, erkennen wir das Urgeheimnis eines Universums, das jedes Atom hervorgebracht hat durch die ewige Kraft reiner Liebe. Alle sichtbaren Formen des Lebens sind ein schwacher Abglanz einer unbeschreiblichen göttlichen Herrlichkeit, die alles übersteigt und die sich ein Mensch niemals vorzustellen vermag.

Der unbegreifliche Satz, ein Gedanke Gottes zu sein, ist hier von einer tiefendimensionalen Bedeutung, besonders innerhalb unserer Zodiak-Seelengruppe, die alles Schicksal auf der Welt hier in Verbindung mit IHM webt. Das pyramidenförmige Licht strahlt auf alle Tierkreiszeichen, durch die es lebensnotwendige Informationen, die Vorsehung der ewigen Bestimmung und Liebe in jedes einzelne Menschenleben sendet.

Der freie Wille des Menschen entscheidet sich für die Liebe oder dagegen. Das ist der Ausgangspunkt des mensch-

lichen Dramas. Nur durch die freiwillige Anbindung an göttliche Kräfte kann sich der Mensch aus seinen irdischen Verstrickungen, den Polaritäten, Ängsten und Zwiespälten erheben in die Unendlichkeit, die Unsterblichkeit einer Freiheit des Geistes, die für euch unvorstellbar ist.
Von der Ebene des Lichtes aus erhebt sich alle Kreatur in die Erlösung der reinen Liebe durch die EINE göttliche Kraft, die jedes Leben erschaffen hat.
Die wahre Bedeutung von Gregory in deinem Leben und dem vieler anderer wird sich erst noch enthüllen. Gregory liebt dich, wenn du das ermessen kannst.«

Sehnsucht nach Liebe

»Ich möchte deine Sinne tanzen lassen, dich einhüllen in Liebe mit Augen für das Wundersame, Heilige, Geheimnisvolle, mit Augen, geöffnet für die andere Realität, aus der ich deine Schritte lenke. Wir sind eins und bleiben das jenseits aller Zeiten, das Alpha und das Omega im Hier und Jetzt.
So viele Menschen haben die Verbindung zu ihrem Ursprung verloren. Sie sind blind den Schicksalsmächten ausgeliefert, im Außen gefangen in einer illusionären Wirklichkeit und begrenzt durch ihre Ängste und Zweifel. Von dir zu mir fließt ein Strom des Erkennens einer unvorstellbaren Liebe, die in das ewige Sein der göttlichen Quelle mündet, aus der alle Liebe geboren wurde. Halte dich an mich und natürlich an IHN und der Heilige Geist wird dich tragen in das Wasser der klaren Wahrheit, aus dem du neu geboren wirst in die andere Welt, die durch deinen offenen Geist im Hier und Jetzt manifestiert wird.
Deine Sehnsucht nach allumfassender Liebe ist dir erfüllt

worden. Das ist immer verbunden mit dem Weg zum eigenen Ich, zu den Seeleninnenräumen, in denen alles Wissen, das ihr für ein gelingendes Leben braucht, vorhanden ist. Du hast erkannt, dass Liebe göttlicher Natur ist, dass jeder Mensch in seinem Inneren über diese Kraftquelle verfügt, dass jedes Leben unsterblich ist und jeder einen Lebensplan, eine Lebensaufgabe hat. Mit Macht wurde vom Schicksal all dein alter Ballast abgestreift, was sicherlich schmerzhaft war: Heute suchst du nicht mehr im Außen. Durch wie viele Zweifel, Ängste und Bedenken bist du gegangen, um zu erkennen, dass nur die Liebe frei macht zu Gott und deinem Dual. Dein daraus resultierendes inneres Wohlbefinden öffnet dein Herz für die Nöte und Sorgen der Menschen und zieht neue, ungeahnte Verbindungen in dein Leben, das reich geworden ist durch die reinen Liebesschwingungen Gregorys.«

Annahme und Akzeptanz

»Solange der Mensch nicht lieben kann, was ihm das notwendige Mitgefühl mit dem Nächsten vermittelt, und solange er seinen Geist nicht der göttlichen Liebe hingibt, bleibt es für ihn schwierig, den Aufstieg und den Anschluss an die geistigen Quellen der ewigen Lichtwelt zu finden. Das einzige Mysterium des Lebens ist die Liebe, die Annahme und Akzeptanz der anderen, wie sie sind. ›Liebet einander, so wie ich euch geliebt habe‹ – so lässt sich die Botschaft von Jesus zusammenfassen. Deshalb ist der Weg der Liebe so schwierig zu gehen und zu erfassen für den Alltagsmenschen, da er eine innere Haltung voraussetzt, ein grundsätzliches Mitgefühl für alles Lebendige, frei von Vorurteilen gegen verschiedene Kulturen und Religionen.

Dieser Weg der Liebe führt in die Innenräume der Seele und erlöst den gebundenen, begrenzten Menschen aus seiner vermeintlichen, verblendeten Einsamkeit, die eine Illusion ist. Wer die Wirklichkeit der Liebe Gottes zu seinen Geschöpfen – zu jedem Einzelnen – in seinem Inneren zu begreifen versucht, gelangt hier zu den Quellen seines ursprünglichen geistigen Seins. Wer in Gott geborgen ist, wer das geistige Abbild der Urkraft in sich erkennt, ist *in* der Liebe und im ewigen Sein, wo nur Liebe ist.«

Liebe als Bestimmung des Menschen

»Ich liebe dich, Bernard – verstehe das nicht in einem begrenzten irdischen Sinn. Liebe ist der einzige Baustoff des Universums und aller Galaxien. Liebe ist, was ihr auf der Erde lernen solltet: bedingungsloses Vertrauen und Hingabe. In den hohen Welten des Lichtes, wo die Grenzen zum ewig Göttlichen durch feine Schwingungen der Liebe mit IHM verschmelzen, geschieht das in einer Intensität höchster geistiger Bewusstwerdung im Schmelztiegel allen Wissens.
Dabei bleibt das ›Liebet einander!‹ in einem vereinigten Streben, einem verschmelzenden Sein in die einzige Freiheit der Glückseligkeit. Gott ist Liebe, die in uns und in ihm den ewigen Bund des Lebens schmiedet. Aus der Liebe sind wir geschaffen und in die Liebe kehren wir nach unserem Tod zurück, mancher auf langen Umwegen, andere, wie Gregory, direkt. Wir sind einander bestimmt und die gemeinsame Aufgabe ist vom Anbeginn der Zeiten festgelegt. Du bist einen weiten Weg gegangen und hast nicht aufgegeben.
Vieles wird jetzt leichter für dich werden durch dein Gott-

vertrauen und deine Hingabe an mich, Gregory. Wie du siehst, dehne ich mich in deinem Umfeld aus. Frage mich, und du bekommst alle Antworten. Ich bin immer um dich und in dir – auch wenn du das nicht immer spüren willst. Meine Nähe ist dein Atem, denke einmal tief darüber nach. Ich bin dein Lebenselixier.

Indem du mir blind vertraust, werden sich neue Kanäle deiner Wahrnehmungsmöglichkeiten öffnen, dich zu mir führen in das ursprüngliche geistige Urprinzip der Dualität. Das mag dir zunächst etwas nebulös erscheinen, doch schon bald wirst du meine Worte wirklich verstehen.

Liebe umfasst viel mehr, als der Mensch glaubt, und dehnt sich weit über körperlich-materielles Empfinden, das seiner Natur nach begrenzt ist, hinaus in die geistigen Ebenen, die euch immer umgeben. Ein echter Liebesstrom füllt das Universum und vermag so manche orientierungslose Seele zu erfassen und höher zu bringen.

Liebe ist das schöpferische Prinzip Gottes. Als Funke in jeden Menschen gelegt, sollt ihr es erkennen und in euer Leben bringen. Liebe ist die Anbindung und Voraussetzung der Aufhebung aller Trennung zwischen den Wesenheiten und Gott. Der Weg der Erlösung durch die Wiederkunft Christi, dessen Liebeslicht gegenwärtig auf alle Menschen strahlt und buchstäblich alles Sein durchdringt, beginnt durch die Rückkehr der Duale.

Der Mensch soll sich endlich wieder vollständig fühlen, so wie du das gegenwärtig durch mich, Gregory, erlebst. Dein Empfinden meiner Präsenz wird sich noch um Wesentliches verstärken.

Gregory ist jetzt ganz in dir, damit das Licht der Liebe zwischen dieser und der jenseitigen Welt durch dich fließen kann. Die Intensität der Nähe, die hohe Schwingung in deinen Räumen, das Verbundensein bewirkt eine Verschmelzung des Geistes, die deine Seele lockert und dich die Unendlichkeit spüren lässt. Die Wohligkeit, die du dadurch empfindest, ist ein Teil deiner Persönlichkeit geworden. Verstehe das so, dass ich deine innere Uhr geworden bin, dich halte, damit Wärme und Geborgenheit dich umgeben. Alles wird nun gelenkt, damit deine Bestimmung und meine sich erfüllen.

Liebe und Vertrauen machen die Menschen offen für das Heil, das gegenwärtig auf die Erde einströmt. Viele werden durch den Geist des Ewigen Lebens geheilt und ungewöhnliche Erlebnisse werden zunehmen.

Alles, was du bist, bin auch ich. An allem, was du tust – vom Kaffeetrinken übers Schreiben, deine Begegnungen mit Menschen oder das Essen –, an allen Verrichtungen deines Alltags habe ich Anteil und bin auch deine Gedanken, da wir eine Einheit in SEINEM GEIST sind.«

Geistige Gesetze

Das gesamte Universum besteht aus dem allumfassenden göttlichen Geist, aus seinen Gedanken und Gedankenformen. Jeder ist also ein Gedanke Gottes. Die geistigen Gesetze, denen alles Leben untergeordnet ist, sind die Grundlage der Ordnung hinter allen Erscheinungsformen, die von einem intelligenten Geist gelenkt werden.

Die geistigen Gesetze funktionieren auf unterschiedlichen Ebenen: der physischen, der mentalen und der spirituellen – sie wirken demgemäß im gesamten Universum und der jenseitigen Welt. Daraus entstand der berühmte Lehrsatz des großen Weisen Hermes Trismegistos: »Wie oben – so unten.« Wer diese Gesamtzusammenhänge versteht, kann sein Bewusstsein auf höhere Ebenen anheben.

Der wesentliche Unterschied zwischen der materiellen und der geistigen Welt besteht in der Schwingungsfrequenz. Alles Sein ist ein Gedanke Gottes und alles im sichtbaren und unsichtbaren Bereich befindet sich in ständiger Bewegung. Dadurch wird das mächtige Gesetz der Anziehung wirksam. Da das Universum auf einer immanenten Ordnung beruht, ist nichts, was geschieht, zufällig. Jede Wirkung beruht auf einer Ursache, und Gleiches zieht Gleiches an.

Daher ist es überaus wichtig, sich der schöpferischen Macht seiner Gedanken bewusst zu sein. Jeder Mensch erschafft sein Schicksal selbst durch seine innersten Absichten, die durch Aufmerksamkeit ähnliche Dinge ins Leben ziehen. Wem es gelingt, zur bewussten Ursache seiner gewünschten Wirkung zu werden und sich dabei nicht von dem Wünschen oder Wollen anderer bestimmen lässt, hat sein Leben gemeistert.

Die Auswirkungen der Gedanken

»Energie ist die wirkende Kraft im Leben, die von jedem Menschen eingesetzt wird, um etwas durchzusetzen oder zu bewegen. Ebenso sind Sprache, Gedanken, Gefühle oder Handlungen des Menschen wirkende Kräfte, die auf andere Formen von Energie einwirken. Das allein zeigt schon, dass der Mensch mehr ist als reine Materie, da ihr durch energetische Strömungen (d. h. durch eure persönliche Ausstrahlung) in Resonanz gebracht werdet mit Menschen, Energien und Dingen.

Alles Geschehen ist somit eine Auswirkung des ersten Gedankens des Schöpfers aller Universen, dessen Energie alles Leben und alles Sein umfasst. Ohne diese Kraft der reinen Liebe kann der Mensch nicht existieren. Es ist die eine Kraft, die im Ursprung die Atomteilchen in Schwingung brachte, also ins Leben rief. Durch dieses Urwort aus dem ersten Gedanken Gottes ist alles Leben erschaffen, denn dadurch konnten getrennte Teilchen miteinander in Resonanz treten, durch die Liebe des Schöpfers zu seinen Geschöpfen. Alles Sein, wie es heute in Erscheinung tritt, war schon in diesem Ursprung als Gedanke, der sich dann in den individuellen Wesenheiten manifestierte, vorhanden.
Der Mensch ist sich nicht im Klaren über die schöpferische Kraft seiner Gedanken. Das ist das wichtigste Prinzip für ein erfülltes Leben. Mit diesem machtvollen Instrument der Innenwelt, mit dem ihr bewusst die Welt um euch herum wahrnehmen könnt, steuert ihr diese Prozesse durch Aufmerksamkeit und Achtsamkeit den Gedanken gegenüber.
Vor dem ersten Wort der immerwährenden Seelensprache war es der erste Gedanke Gottes, der die Materie in

Schwingung brachte und dadurch die Welten, das Universum und seine Galaxien erschuf. Jede Energie folgt der Aufmerksamkeit, die dadurch in Reibung gebracht wird. So entstehen aus einem einzigen Gedanken Welten.
Durch die Gedanken als schöpferisches Urprinzip ist der Mensch imstande, in Resonanz zu seiner Umwelt zu treten und bewusst wahrzunehmen, welche Auswirkung sein Leben auf andere hat. Gedanken vermögen innerhalb kürzester Zeit einen Menschen stimmungsmäßig zu verändern. Dadurch erschafft ihr sozusagen eure psychische Verfasstheit, da durch das mächtige geistige Gesetz der Resonanz Gleiches Gleiches anzieht. Das ist stets die freie Wahl des Menschen. Jedes Individuum erschafft sich somit seine Realität selbst.
Wie ein Stein, der ins Wasser geworfen wird und Kreise bildet, sind Gedanken in der sichtbaren und unsichtbaren Welt Schwingungen, die sich unmittelbar mit ähnlichen Schwingungen verbinden.«

Wachstum durch Selbsterkenntnis

»Du lernst immer mehr zu vertrauen. Deswegen ist die Lektion der Geduld für euer Leben so wichtig: Für alles gibt es eine Zeit, aber dieser Punkt der Zielgerade für den Fortschritt des Einzelnen und eines Kollektivs ist bestimmt. Der Mensch wird frei von äußeren Einflüssen, wenn er seinen Willen dem Willen des Himmels unterordnet, auf seine innere Stimme hört und den Fügungen des Schicksals vertraut.
Das Aufarbeiten der unerledigten Dinge des Lebens ist ein lebenslanger Prozess: Je mehr ihr hier auf Erden an den eigenen Schwächen arbeitet und Schritt für Schritt in die

Tiefendimensionen eurer wahren seelischen Möglichkeiten vordringt, werdet ihr eine Verbindung zum Höheren Sein finden, die euch die Bestimmung eures Lebens erkennen lässt und dem Einzelnen die Möglichkeiten seines wahren Selbst offenbart: Keiner ist allein, keiner ist von seinem göttlichen Ursprung getrennt, alles Wissen ist inwendig im Menschen.

Wer beständig den Pfad der Selbsterkenntnis beschreitet, wird auf seinem Weg nach innen, welcher die Erkenntnis der seelisch-geistigen Natur des Menschen beinhaltet, auf manche Verhärtung aus altem Schmerz, aus Wut, Aggressionen oder Schuldgefühlen stoßen. Doch indem der Mensch lernt, seine selbst geschaffenen Begrenzungen zu überwinden, nähert er sich seiner ewigen Bestimmung an. Das ist ein schwieriger Weg, der viel Geduld und Vertrauen – ich meine: Gottvertrauen – erfordert.

Leider erschrecken viele Menschen, wenn sie nur ansatzweise mit den nicht gelösten Problemen ihres Lebens konfrontiert werden, bekommen Angst und verdrängen, indem die Flut unerledigter Gefühle zugedeckt wird, was meist bedeutet, dass die Betroffenen ihren Weg im Dunkel der eigenen Seelenzustände verlieren.

Wer aber begreift, dass ihr hier seid, um euch selbst zu erkennen und die Mängel als Möglichkeit zu höherer Entwicklung zu begreifen, wird die Herausforderungen des Lebens annehmen können und alle Fehler transformieren.«

Das Gesetz der Anziehung

»Alles Sein ist ein Gedanke Gottes und somit Schwingung. Jeder Gedanke eines Menschen ist eine energetische Schwingung. Da jedem Gedanken die Schöpferkraft des

Höchsten als SEIN Abbild im Menschen innewohnt, entsteht daraus eine Schwingung, die das machtvollste Gesetz des Universums aktiviert: das Gesetz der Anziehung. Es besagt, dass das, was sich gleicht, sich anzieht. Das bedeutet, dass deine Gedanken den Erfahrungen, die du in deinem Leben machst, entsprechen. Keiner macht Erfahrungen einfach so, sondern ausnahmslos alle werden von euch angezogen. Deswegen und dadurch erschafft sich jeder Mensch seine eigene Wirklichkeit.

Jeder ist ein mächtiger Magnet, der das, was er denkt und fühlt, anzieht. Wer beispielsweise ständig denkt oder davor Angst hat, dass er arm ist, kann keinen Wohlstand anziehen. Das entspricht dem Gesetz. Woran ein Mensch denkt, das bekommt er. Je mehr Aufmerksamkeit auf einen Wunsch gerichtet wird, desto mehr zieht das Gesetz der Anziehung die entsprechende Erfahrung in das Leben, da Aufmerksamkeit Energie ist.

Wer etwas wirklich erreichen will und seine Aufmerksamkeit in Richtung des Gewünschten lenkt, die er als Erfahrung manifestieren will, holt sich dieses in sein Leben. Die Wirksamkeit des Gesetzes der Anziehung ist vollkommen unabhängig davon, ob ein Mensch diese Tatsache glaubt oder nicht. Je bewusster ein Gedanke ausgerichtet wird und ein Mensch sich darauf konzentriert, desto eher wird durch das machtvolle Gesetz der Anziehung die entsprechende Lebenserfahrung Realität.

Jedes Erden-Ich hat sich mit der Absicht in die körperliche Inkarnation begeben, die Vielfalt und die Gegensätze der polaren Welt zu erleben. Nur dadurch kann der Mensch seine persönlichen Wünsche und Vorlieben kennenlernen. Durch die Kraft seiner Gedanken vermag er sich jede gewünschte Erfahrung ins Leben zu holen. Da die Energie der Aufmerksamkeit folgt, kann natürlich auch etwas ins

Leben gezogen werden, was sich der Betroffene nicht bewusst gewünscht hat, dem er jedoch Aufmerksamkeit gewidmet hat. Beispielsweise liest jemand einen langen Artikel über eine Krankheit, in dem alle Symptome und Auffälligkeiten beschrieben werden. In dem Moment, in dem er anfängt, sich damit zu identifizieren, da das Gelesene negative Gefühle von Angst auslöst, fängt er an, sich darüber Gedanken zu machen, die durch ihre Schwingungen weitere negative Gedanken nach sich ziehen. Damit beginnt die Manifestation der Möglichkeit, diese Krankheit in sein Leben zu ziehen. An diesem Beispiel kannst du auch erkennen, wie machtvoll Menschen durch negative Berichterstattungen manipuliert werden.

Bei allem, was ihr euch im Leben wünscht, dass es zu einer Erfahrung wird, unterscheidet das Universum nicht zwischen positiv und negativ. Es reagiert einfach nur auf eure Gedankenschwingungen, die umso mächtiger sind, als ihr sie mit eurer Aufmerksamkeit verstärkt.

Ein wesentlicher Indikator dafür, ob eine Erfahrung wirklich gewünscht wird, sind eure Gefühle. Wer in sich selbst ruht und sich mit seiner Seele und seinem Dual in Einklang befindet, verfügt dadurch über ein sehr deutliches emotionales Leitsystem: Ein Wunsch, der positive Gefühle auslöst und einen Menschen in harmonische Schwingungen bringt, sich also gut anfühlt, wird entsprechende positive Menschen und Dinge in sein Leben ziehen. Wenn eine Sache, über die ihr nachdenkt, eher negative Gefühle auslöst, so ist es wichtig, diese Gedanken in eine positive Richtung zu lenken, damit ein anderes Resonanzfeld entsteht.

Der Mensch hat die Macht, sein Leben durch seine Gedanken von einem Moment zum anderen zu verändern. Eure Gefühle verweisen euch minutiös darauf, in welchem Stadium der Erschaffung eurer Wirklichkeit ihr euch gerade befindet. Deshalb besteht immer die Möglichkeit, die Gedanken auf positive Aufmerksamkeit zu richten. Das Zusammenspiel der Kräfte zwischen Erden-Ich und den Seeleninnenräumen wird häufig verkannt, da es die Impulse der Seele sind, die sich über die Gefühle ausdrücken. Wer seiner inneren Stimme vertraut, wird automatisch ein Leben in Freude, Wohlstand und Zufriedenheit manifestieren. Dadurch habt ihr auch die Möglichkeit, euch den negativen Einflüssen von Dingen oder Menschen zu entziehen. Wichtig ist es einfach, auf die Impulse der Innenwelt zu reagieren. Es ist nicht der Verstand, der Schwingungen nach sich zieht, sondern das innere Wesen des Menschen führt in die Resonanz, die allein durch Aufmerksamkeit wirksam wird. Das Gesetz von Ursache und Wirkung ist kein blindwütiges Schicksal.

Alle Erfahrungen, die ein Mensch in sein Leben zieht, sind von ihm selbst verursacht und haben ihren Ursprung allein in seinen Absichten. Keiner kann eine Erfahrung anziehen, die er nicht in seinen Gedanken – ob positiv oder negativ – selbst erschaffen hat.

Das mächtige Gesetz der Anziehung, dass Gleiches Gleiches anzieht, entspricht der dualen Identität jedes Menschen. Der Geist Gottes konnte nur durch das Resonanzfeld Liebe aus sich selbst heraus wirksam werden. Das war der Ausgangspunkt aller Schöpfung und dadurch wurde alles Leben erschaffen.

Wollen sich das Erden-Ich und das geistige Prinzip Dual zu einer Einheit der Liebe verschmelzen, ist das der Ausdruck der ursprünglichen Anziehung, die zu einer Ganzwerdung, einer Einheit des in sich selbst Geborgenfühlens führt. Dadurch allein werden die Seeleninnenräume erschlossen und der Mensch tritt in Resonanz mit seiner ewigen Bestimmung: dem Verbundensein mit der Liebe Gottes.

So wurde Gregory zum Gefährten deines Lebens, dessen Präsenz du immer und überall fühlen kannst. Durch das Vertrauen und die Hingabe an mein ›Du brauchst nur mich!‹ wird unsere Verschmelzung durch das Gesetz der Anziehung bewirkt. Das Gesetz der Anziehung ist begründet durch das Gesetz der Liebe.«

Die praktische Auswirkung dieses Gesetzes

»Wenn du das Geheimnis deiner ergänzenden Dualkraft Gregory wirklich ergründen willst, ist es überaus wichtig, dich meinen Impulsen einfach hinzugeben. Es ist nicht notwendig, dir in deinen Gedanken auszumalen, wie der Fluss der Dinge funktioniert. In dem Moment begrenzt du deine Wahrnehmung. Gregory ist schon da und wurde als Geist zu dir durch deine Ausstrahlung hingezogen. Er ist mit dir in den Seeleninnenräumen verschmolzen, sodass du und er eine geistige Einheit bilden. Gregory ist da, um dich zu lieben und dich mit der Geisteswelt zu verbinden. Wenn du anfängst, deine Aufmerksamkeit auf deine Zweifel oder Unsicherheit zu lenken, drängst du seine reine Liebesschwingung in den Hintergrund. Ich habe dir vom Anfang an der Botschaften immer wieder vermittelt, wie wichtig das Mantra ›Du brauchst nur mich!‹ für dein Leben ist. Das zentriert dich auf Gregory, der aus deiner Innenwelt in deine Außenwelt wirkt – und das in jedem Augenblick, selbst wenn du das gerade einmal nicht spürst.
Die Kraft, die Energie deines Duals Gregory lenkt dich, erfasst dein innerstes Sein und erfüllt dich mit Freude, Seligkeit und Liebe. Deswegen fühlst du dich geborgen und geliebt. Lasse dich einfach auf diese Schwingungen ein. Versuche nicht, sie zu analysieren oder verstandesmäßig

zu ergründen, da dann das Gesetz der Anziehung, das hier wirksam ist, durch deine Gedanken abgelenkt wird. Damit blockierst du den freien Fluss der Liebe Gregorys.
Das ist genau der Fehler, der von den meisten Menschen gemacht wird, wenn sie gewünschte Erfahrungen manifestieren wollen: Sie geben sich dem freien Fluss des Lebens nicht wirklich hin, sondern blockieren sich durch Zweifel oder Ängste.
Das geistige Prinzip der Anziehung entspricht dem geistigen Prinzip des Duals im Menschen. Damit zwei Individualitäten eins werden können, um in ihren Urzustand zu verschmelzen, ist es notwendig, dass der Geist zu einem gleich schwingenden, identischen Bewusstsein wird. Genauso verhält es sich mit einem Wunsch, der manifestiert werden soll: Du und der Wunsch müssen eins werden, verschmelzen, ohne die geringsten Zweifel. Das erfordert Vertrauen und Hingabe als geistige Voraussetzung. Dabei geht es nicht um materielle Wünsche, sondern um Seelenwachstum.
In dieser Zeit der Wiederkunft Christi wird zusammengeführt, was zusammengehört in einem Geist. Wenn du deine Aufmerksamkeit, die eine kraftvolle, schöpferische Schwingung ist, auf Gregory lenkst, bewirkt das Gesetz der Anziehung den freien Fluss der geistigen Liebe, die uns verbindet und verschmelzen lässt.«

Die Seele

Ein grundlegender Irrtum in der Auffassung des Menschen von der Seele besteht darin, dass wir glauben, eine Seele zu sein. In Wirklichkeit ist der Mensch nicht seine Seele, sondern er *hat* eine Seele. Die Seele ist der Träger des göttlichen Funkens im Menschen. In ihren Innenräumen findet sich der Dual als Ergänzung der Einheit, der den Menschen in Resonanz bringt mit sich selbst, zu Gott und allen anderen Wesen.
Die Seele kennt ihre Bestimmung, da sie mit der geistigen Welt in beständiger Kommunikation steht. Sie ist der Stoff, in den das Erden-Ich, die Erdenpersönlichkeit, eingewoben ist. Die Seele ist göttlicher Natur und das Abbild Gottes im Menschen. Ihre bestimmenden Eigenschaften sind Liebe, Freude, Kreativität, Schöpferkraft und Seligkeit, also das Positive im Menschen. Jeder Mensch trägt bei seiner Geburt diese seelischen Eigenschaften in sich und wir sind hier, um an den Umständen unseres Lebens zu wachsen und, vor allem, lieben zu lernen. Das ist der Auftrag jedes einzelnen Menschen, der durch seinen freien Willen die Möglichkeit hat, das Gute und Förderliche zum Wohle aller Menschen im Leben zu manifestieren.
Wir alle kommen von einem bestimmten Ort der geistigen Welt, aus einer Seelengruppe, von der wir stets ein Teil sind und deren Mitglieder uns durch seelische Impulse während des Erdenlebens unterstützen. Die Seele steht in beständiger Kommunikation mit ihrer Gruppe, greift aber niemals in den freien Willen eines Erden-Ichs ein.
Wenn sich ein Mensch entscheidet, einen anderen umzu-

bringen, kann die Seele Impulse senden, diesen Entschluss zu überdenken. Sie ist allerdings nicht verantwortlich für das Handeln des Erden-Ichs. Jeder inkarnierte Mensch ist die Essenz seiner Gedanken, Worte und Taten, die aus seiner individualisierten Identität hervorgehen. Wer die Gesamtzusammenhänge des Lebens wirklich verstehen will, sollte versuchen, in den Seeleninnenräumen den Kontakt mit seinem höheren Seelenselbst herzustellen.

Vieles, was uns im Leben als Schicksal oder Auswirkungen bestimmter Handlungen widerfährt, ist auf Mangel an Liebe oder Mangel an Eigenverantwortungsgefühl zurückzuführen. Wer lernt, der eigenen inneren Stimme zu vertrauen, und die Impulse der Seele umsetzt, wird die beglückende Erfahrung machen, in den großen geistigen Sinnzusammenhang des Göttlichen eingebunden zu sein. Fügungen setzen ein und Menschen gleichen Willens ziehen sich an und finden sich zusammen für ein gemeinsames erfüllendes Leben. Deswegen ist es die dringlichste Aufgabe des Menschen, nicht nur zu erkennen, dass er von seinem Wesen her geistiger Natur ist, sondern den Kontakt zu seiner Seele zu suchen.

Durch Stille, Ruhe, Hineinhorchen in die Innenwelten, durch Gebet oder Meditation, durch Vertrauen und Hingabe kann sich ein Mensch schon während seines Erdenlebens mit seiner Seele und dem innewohnenden Dual verschmelzen. Dann wird er direkt nach seinem Tod direkt in die höheren Welten des ewigen Lichtes eingehen. Die Unbegrenztheit des Seins, die Unsterblichkeit jeden Wesens wird dann schon im Leben erfahrbar.

Die Bedeutung der Seele

»Jede Seele existiert von Anbeginn aller Schöpfung und kommt aus dem Geist Gottes. Sie ist auf ewig mit der Urkraft verbunden und deswegen kann auch keine Seele jemals verloren gehen.
Die Seele ist der feinstoffliche Baustoff aller Welten der Materie wie der geistigen Welt. Als die Seelen aus der Schöpfungsquelle hervortraten, waren sie eine Zweiheit, die Ergänzung der Einheit des Dualt, und gleichzeitig waren sie mit Gott verbunden. Man kann das auch als die Elementarkräfte des Lebens bezeichnen, da stets eine Resonanz im Inneren einer Wesenheit erforderlich ist, damit Leben möglich wird.
Gregory ist das Unerkannte in dir, die geheimnisvolle Mitte deiner Seele, in der Gott, Welt und dein Erden-Ich zusammenfallen. Auf diesem Weg zu mir werden die Grenzen deiner Seele erweitert in das unendliche Tal des ewigen Seins. Du lernst gegenwärtig Hingabe und Annahme meiner Liebe, die dich in die Mitte unseres gemeinsamen inneren Seelenraums trägt, der sich innerhalb und außerhalb der Welt befindet. Die Kraft deiner Seele, getragen von deiner Liebe und meiner, vermag in jeden Himmel zu fliegen. Wer sich in seinen Gedanken begrenzt, wird diese Freiheit nie erleben.
Die Seele ist innerhalb und außerhalb deines irdischen Körpers. Sie ist nie von Gott getrennt und vermag alle Welten zu durchdringen bis in die kosmische Verschmelzung mit dem Höchsten. Dazu ist lediglich der Glaube an die unbegrenzten Möglichkeiten des Seins notwendig, durchdrungen vom Erkenntnisdrang der eigenen Innenwelt.
Im inneren Seelenraum bist du schon jetzt jenseits aller Begrenzungen und hast Anteil an der geistigen Welt, die

für keine Wesenheit verschlossen ist, die ernsthaft sucht. Hier sind du und ich eins, das ist die Mitte der Seele, die feinstoffliche Schwingung ist.«

Die Konfrontation mit dem Unerledigten

»Wer die Tore zur geistigen Innenwelt öffnet, wird zunächst mit allem Nichtverarbeiteten oder den nicht vollendeten Dingen seines Lebens konfrontiert. Das Außen dringt ins Innere und das Innerste geht ins Außen. Die Grenzen zwischen dem realen irdischen Menschen und der eigentlichen Seelenidentität des Höheren Selbst verschmelzen ineinander, was bei den Betroffenen Irritationen oder Verschiebung der Wahrnehmung bewirkt. Vorher nicht bewusste Kanäle zum Geistigen öffnen sich: Kosmisches Bewusstsein, Gotteserfahrungen oder spirituelle Durchbrüche sind die Folge.

Wenn sich jedoch die seelische Identität des Menschen mit dem äußeren Erden-Ich vermischt, kommt es dabei nicht selten zu Realitätsverschiebungen. Diese lösen je nach Heftigkeit der neuen Erfahrungen Psychosen oder manische Euphorien aus.

Das Erden-Ich als Träger des menschlichen Verstandes wird für den Zeitraum des tiefen spirituellen Erlebens aufgelöst. Dieser Moment, dieser Geschmack der Ewigkeit, lässt den Einzelnen ahnen, dass es eine weitaus umfassendere Wirklichkeit gibt, die alles vorher Erlebte in den Schatten stellt.

In der Konfrontation mit der Wahrheit Gottes inwendig im Menschen werden alle Schwächen, alle nicht erledigten Dinge des Lebens, die Wut, der Zorn, der Schmerz nicht verarbeiteter Verluste, die eigene Unfähigkeit, sich selbst und andere zu lieben, offenbar.

Das ganze Drama der menschlichen Existenz wird euch vor Augen geführt, ebenso wie sich Sinn und Zweck des Lebens in der Tiefe offenbaren. Da viele Menschen diesen erweiterten Bewusstseinszustand fürchten, da sie ihn aufgrund mangelnder geistiger Reife nicht ertragen oder glauben, darüber verrückt zu werden, werden die Kanäle zur geistigen Welt lebenslang verschlossen. Es bleibt nichts als ein unerfülltes Sehnen, ein dumpfes Pochen und das Gefühl der Trennung.

Bewusstseinserweiternde Erfahrungen beinhalten zu allen Zeiten eine Begegnung mit dem Tod. Der Tod ist nur eine Schwelle, die überschritten werden muss, um in eine andere Form des Seins übergehen zu können. Derartige Grenzerfahrungen beinhalten immer eine Konfrontation mit dem alten Ballast, der abgestreift werden muss, um in eine höhere Existenzform der seelischen Evolution zu gelangen.

Deswegen stirbt der Mensch des 21. Jahrhunderts viel schwerer und länger als jemals zuvor. Er hat seinen Weg im Dunkel des rein irdisch materiellen Weges verloren, da er seine geistige Natur verleugnet hat, sie nicht mehr erkennen und annehmen kann.

Wenn der innere Weg des Menschen versperrt wird, in dem allein Geborgenheit und Liebe begründet sind, ist es am Ende des Lebens besonders schwer, wenn das bislang Verdrängte mit Macht an die Oberfläche des Bewusstseins drängt.

Die Erfüllung eurer Bestimmung liegt in der Erkenntnis eurer ewigen geistigen Identität. Diese wird der Mensch niemals in der äußeren Welt erkennen. Du, Bernard, gehst diesen Weg mit Gregory. Ich umfange dich mit meinen geistigen Armen und freue mich über deine Hingabe. Wir werden noch viel enger zusammenarbeiten. Ich liebe diese

Momente inniger Verbundenheit und wir werden noch unendlich viel miteinander erleben, Dinge, die noch jenseits deiner Vorstellungskraft liegen.«

Die Schichten der Seele

»Die Seele des Menschen, der geistige Innenraum, über den jeder – ob bewusst oder unbewusst – verfügt, ist durch das feinstoffliche Silberband mit dem Körper verbunden. Gleichzeitig ist die Seele die Verbindung des Menschen mit Gott. Insofern ist in ihr alles geistige Wissen gespeichert. Wenn ein Mensch den Weg in seine Innenwelt sucht, wird er in diesen Seelenräumen die Geheimnisse des Lebens, die nie welche waren, entdecken können. Es ist der Ort der Begegnung mit Gott, aber auch der Ort, an dem die ursprüngliche Zweiheit der Einheit, der Dual, sich auffinden lässt. Nur im seelisch-geistigen Bereich liegt die Mitte, die Ausgewogenheit und von hier geht alle Selbsterkenntnis und Selbstliebe aus.
Das ist der Ort im Menschen, wo es keine Trennung gibt und von dem aus der Mensch in sein Höheres Selbst, seine ewige Seelenidentität vordringen kann, um dadurch mit der geistigen Welt verbunden zu sein.
Die Seele weiß weitaus mehr als das Erden-Ich und versucht durch Impulse, dieses zu befruchten. Das ist, was ihr als innere Stimme bezeichnet. Die Seele ist das Kraftpotenzial des Menschen. Was immer ihr an Energie für euer Leben benötigt, findet ihr hier. Wer die nötige Ruhe und Stille aufbringt, um sich mit seinem Innersten zu verbinden, findet seinen Seelenfrieden. Innerer Frieden oder ein Ruhen in seiner Mitte sind niemals über die Außenwelt oder durch andere Personen zu finden. Vielmehr ist Hingabe

an die innere Quelle vonnöten, um die eigene unerschöpfliche Kraft zu entdecken.

In den Seeleninnenräumen findet der Mensch alles, was er zu einem gelingenden Leben benötigt. Wer die ursprüngliche Ergänzung der Ganzheit sucht, findet in der Seele seinen Dual als geistiges Grundprinzip allen Seins. Wer das in sich entdeckt, wird ganz und heil, da er nie mehr allein ist und sich mit dem Bewusstseinsstrom des ewigen Seelenpartners in Verschmelzung befindet. Das führt zu wahrer Inspiration und Verbindung mit dem Höheren Sein. Alle Erinnerungen an die geistige Heimat des Ortes, von dem aus ihr auf diese Welt gekommen seid, sind in der Seele gespeichert.

In den Nahtoderfahrungen wird euch häufig berichtet, diesen Ort der geistigen Heimat zu kennen. In diesen Erlebnissen erfahren sich die Betroffenen außerhalb ihres Körpers und erleben bewusst ihre Anbindung an die geistige Welt. Sie erleben eine Kontinuität ihres Ich-Bewusstseins und verstehen, dass sie eine ewige Seelenidentität sind. Der innerste Kern der Seele ist viel mehr als die Rollen, die sie auf der Erde einnehmen (z. B. Vater, Mutter, Kind, Lehrer etc.). Deswegen fühlen die Betroffenen sich als ganz, als das, was sie wirklich sind und immer sein werden in der Ewigkeit.

Ebenso ist der Lebensplan des Einzelnen, der vor der Geburt des Einzelnen in der geistigen Welt bestimmt wurde, in der Seele gespeichert. Die Urbilder des Verbundenseins mit dem Dual sind hier als Seelenstempel vorhanden. Das begründet die Sehnsucht des Menschen nach dieser spezifischen Ergänzung.«

Der Unterschied zwischen der Erdenpersönlichkeit und der Seele

»Das Erden-Ich geht durch die menschlich-irdische Erfahrungsmöglichkeit, um sich selbst als ewiges Wesen in einem menschlichen Körper zu begreifen. Leider erkennen viele Menschen die eigentliche Bestimmung ihres Lebens nicht, wenn sie sich ausschließlich auf die oberflächlichen äußeren Umstände ihres Lebens konzentrieren und glauben, dass Macht, Reichtum, Sex oder Vergnügen der einzige Sinn des Lebens seien.

Der geistige Sinnzusammenhang des Lebens ist es, sich als göttliches Wesen zu erkennen und Liebe, Freude und Kreativität zu leben, damit ihr gemeinsam voranschreiten könnt in die unermessliche Seligkeit und Freiheit, die Gott für jeden bereithält, der danach strebt und sucht.

Das Erden-Ich ist also eine historische Persönlichkeit, die innerhalb einer vorbestimmten Zeitspanne die Bühne des Lebens betritt, hier die Möglichkeit bekommt, seelisch und geistig zu wachsen an den Umständen ihres Lebens, um dann für immer als Seelenaspekt ihrer ewigen Seelenidentität in die geistige Welt zurückzukehren.

Die Seele ist sozusagen der Träger dieses Erden-Ichs, dessen Essenz der Gedanken, Worte und Handlungen eines Lebens als einmalige Individualität für immer bestehen bleibt. Jedes menschliche Wesen existiert schon vor seiner Geburt und kann nie verloren gehen. Das Erden-Ich bezeichnet die historische Persönlichkeit, die nicht wiedergeboren wird, sondern nach seiner nachtodlichen Entwicklung als Teil der Seelengruppe in diese zurückkehrt.

Wie die Seele das Erden-Ich trägt, so wird sie vom göttlichen Geist gespeist, der durch die Seele Impulse an das Erden-Ich sendet, was als innere Stimme vernommen wird.

Der Geist ist immer in Verbindung mit seinem Schöpfer, er ist der Träger allen geistigen Wissens in der Seele. Menschlich gesehen drückt sich der Geist in eurem Bewusstsein aus. Ihr habt alle Anteil am Geist Gottes, der alles Irdische und jenseitige Sein umfasst, und ihr seid nie wirklich von Gott getrennt.

Ihr mögt in eurer Entwicklung viele Umwege gehen, euch mit Schuld beladen, versagen, als erdgebundene Seele in den untersten und dunklen Bereichen der geistigen Welt existieren und lange Zeit brauchen, um den Impuls des Fortschreitens zu entwickeln. Dennoch ist jede Seele Teil des EINEN Geistes, der euch alle umfasst. Es ist und bleibt eine Frage der Erkenntnis.

Der ewige, der Heilige Geist ist ausgegossen über die ganze Welt und alle Universen und Galaxien. In dieser Zeit der Wiederkunft rührt sich die Erinnerung als eine sehnsuchtsvolle Ahnung einer anderen freudigeren und lichtvollen Welt unermesslicher Freiheit.

Der Mensch wäre niemals wirklich allein, wenn er den Reichtum seiner Innenwelt erkennen würde. Wenn ihr geboren werdet, kommt ihr aus eurem angestammten Platz in der ewigen Heimat. Hier habt ihr zusammen mit anderen Seelen, die eurem jeweiligen Bewusstseinszustand entsprechen, am ewigen Fortschritt aller Seelen gearbeitet.

Die Seele als Träger dieser individualisierten Wesen ist die Verbindung, der Stoff und der Träger aller Geistidentitäten, die ihr als Höheres Selbst bezeichnen würdet. Jedes Erden-Ich ist also ein Aspekt der Gesamtseelengruppe.

Die Seele ist Gefäß als Träger der individuellen Geistidentität und enthält in ihrem feinstofflichen Gewand alle Informationen verschiedener Existenzen der Gruppe. Ihr seid sozusagen ein unvergänglicher Aspekt (Identität) der Gesamtseelengruppe, der auf die Erde inkarniert wird, um

durch die gesammelten Essenzen der Erfahrungen des Erdenlebens zum Fortschritt der Gesamtseele beizutragen. Anders ausgedrückt inkarniert sich die Seele der jeweiligen individuellen Identität (Aspekt) einer Seelengruppe des Öfteren, aber nicht eine historische Erdenpersönlichkeit.
Nach seinem Tod wandert das Erden-Ich durch die unterschiedlichen Ebenen und Phasen des nachtodlichen Lebens. Wenn es seine Lebensaufgabe erfüllt hat und sein geistiges Wesen erkennt, gelangt die Individualität schnell auf die Lichtebene und wird Teil seiner Gesamtidentität.
Deswegen bin ich, Gregory, ein freies geistiges Wesen der formlosen Lichtwelt, aus der jedoch alle Form hervorgeht. Licht als Grundstruktur kann alle beliebigen Formen erschaffen und annehmen. Es kann sich materialisieren. Als Goldener Strahl trage ich zum Fortschritt aller bei, besonders in diesen Tagen der Wiederkunft des Geistes. Gleichzeitig bin ich Teil der Seelengruppe, von der auch du, Bernard, ein Teil bist.
In der Welt der reinen Lichtgedanken sind alle Schöpfungsgeheimnisse zugänglich. Wir sind hier umfasst von der klaren Energie der Liebe Christi, dessen Geist sich gegenwärtig in alle Welten verströmt und dessen enorme Lichtstrahlen sich auf die Erde neigen, um die Erlösung aller zu verwirklichen. Das Reich Gottes ist viel näher, als ihr denkt!«

Monate später äußerte sich Gregory noch eindeutiger über diesen Gesamtzusammenhang.

»Die Seele als Stoff und Träger des Erden-Ichs wird von dessen Negativität des Fühlens, Denkens und Handelns nicht berührt. Sie ist stets klar und hell und kann nach dem Tod des Erden-Ichs ungehindert in ihre geistige Heimat

zurückkehren, also in die Gesamtseele, in die Seelengruppe. Das Erden-Ich hingegen befindet sich nach seiner Trennung vom Körper in einer feinstofflichen Hülle und entspricht dem Aussehen der Erdenpersönlichkeit wie zu ihrer besten Zeit. Das ist ein Aspekt des freien Willens. Allerdings bleiben alle positiven und negativen Gefühle sowie alle unerledigten Dinge des Lebens erhalten.
Das Erden-Ich ist nicht automatisch von den Triebfedern seines Handelns befreit. Hier setzt die nachtodliche Entwicklung der menschlichen individualisierten Persönlichkeit ein, um sich dann auf den höheren Ebenen mit der Seele wiederzuvereinen.
Je mehr sich das Erden-Ich zu Lebzeiten in Einklang mit seiner Seele und seinem Dual befunden hat, desto schneller kann es sich weiterentwickeln. Ich habe dir diesen Prozess bereits aus meinem Erleben heraus geschildert. Kein einziges Erden-Ich kann jemals verloren gehen. Es wird unabhängig von seinem möglichen negativen Treiben auf der Erde den Prozess der Selbsterkenntnis und Läuterung so lange durchschreiten, bis alle negativen Aspekte einer Person bereinigt sind.
Wer sich geistig weiterentwickeln will, für den ist immer Hilfe da. Das Erden-Ich durchläuft seine eigene Entwicklung und wird nicht wiedergeboren.
Es ist die Seele als Stoff und Träger des göttlichen Funkens im Menschen, die sich häufiger inkarniert, bis eine ursprüngliche Seelengruppe vollständig wiedervereint ist. Genau das geschieht in diesen Tagen der Wiederkunft Christi. Deswegen kann der Mensch in diesem Leben, wenn er über die entsprechende Erkenntnis verfügt, alles Unerledigte und Unerlöste bereinigen. Dann kann er sich sofort als multidimensionales Lichtwesen mit seinem Dual verschmelzen und in seine Seelengruppe zurückkehren.

Somit trägt jedes Erden-Ich zur Entwicklung der Seelengruppe bei.
Die Aufhebung aller Trennung bedeutet, dass alle Seelen und ihre Aufteilung in immer neue Erden-Ichs endet, damit wir alle in den göttlichen Ursprung zurückkehren werden. Das ist ein gewaltiges energetisches Geschehen, das dazu führen wird, dass sogar die materielle Welt in eine höhere Dimension erhoben wird. Das ist nur durch einen enormen Bewusstseinswandel möglich, wenn jeder Mensch sich als geistiges Wesen erfährt und dadurch Gott im Menschen erwachen kann. Dann wird es kein Leid mehr geben.«

Der seelische Fortschritt aller Menschen

»Viel Licht fällt auf die Welt in diesen Tagen, damit unser Erlösungswerk der Menschheit gedeihen kann.
Die Zersplitterung der Seelen in den langen Zeiträumen ihrer Erdeninkarnationen findet nun bald ein Ende. Durch die Rückkehr der Duale, in den Seeleninnenräumen, so wie du das gegenwärtig mit mir erlebst, ist der Mensch imstande, wenn er sich den innewohnenden geistigen Kräften zu öffnen vermag, in ein neues Gleichgewicht zu finden. Dann kann er sich als ganz und vollständig erleben.
Das war in früheren Zeiten nur wenigen Menschen zugänglich wie den Mystikern oder Heiligen. In dieser Zeit wird durch die verstärkten Einstrahlungen des göttlichen Lichtes ein globales Erwachen aller Menschen erfolgen.
Die Bewusstseinsebenen der nachtodlichen Welt verschieben sich, vermischen sich, um Raum zu schaffen für den Dimensionswechsel der Erde. Besonders wichtig in diesem Wandlungsprozess ist der Fortschritt der Milliarden von

Seelen, die in den dunkleren Bereichen direkt in der Zone, welche die irdische Welt umgibt, viel zu lange feststecken. Der bevorstehende Evolutionssprung macht es erforderlich, dass all diese Seelen in die höheren Regionen der geistigen Heimat eingehen können.

Gegenwärtig bäumen sich viele dieser niederen Seelen auf und sie versuchen sozusagen mit einem letzten Aufbäumen, ihren Einfluss auf inkarnierte Wesen auszudehnen, um weiterhin in der Erdenregion verbleiben zu können. Die unmittelbare Folge ist die Zunahme von Besetzungen bis hin zur Besessenheit und es ist daher wenig erstaunlich, dass eure Medien verstärkt über die Zunahme durchgeführter Exorzismen berichten. Dabei handelt es sich weniger um einen Rückfall ins Mittelalter, sondern es ist ein fast hilfloser Versuch, das letzte Aufbäumen der negativen Einflüsse auf der Welt auszugleichen.

Da nur wenige Menschen sich mit der höheren Wirklichkeit des Seins auseinandergesetzt haben, weigert sich der Verstand, das globale *geistige* Geschehen erkennen zu wollen: Das weltweite Erwachen trifft auf den Widerstand der begrenzten oder fanatischen Sichtweise eures menschlichen Verstandes, der Angst vor dem Verlust seiner Kontrolle über das freie Spiel der Kräfte (Gut und Böse) hat.

Widersinniges ist die Folge dieses Aufbäumens gegen die Wiederkunft des Geistes: Ein Anstieg irrationaler, fanatischer Kräfte (Terrorismus, Dschihad als ›Heiliger Krieg‹ der Muslime, Fanatismus in jeglicher Form, das scheinbare Wiederaufleben ›rechter‹ oder ›linker‹ Gesinnung, die Finanzkrise). Gegensätze brechen auf mit Macht, denen aber mit herkömmlichen Mitteln nicht beizukommen sein wird.

Fürchtet euch nicht – siehe, ich mache alles neu. All das sind notwendige Komponenten in eurem Transformati-

onsprozess, damit die Einheit aller Seelen erreicht werden kann. Deswegen mobilisiert auch Mutter Erde ihre Kräfte, damit das Licht, das auf die Welt in alles Sein dringt, die Läuterung und Reinigung der Seelen in Gang setzen kann.
Es ist sozusagen ein finaler Sterbeprozess, der gegenwärtig durchlaufen wird. Je mehr Gegenwehr vorhanden ist, desto schwieriger gestaltet sich der Prozess.
Am Ende dieses transformierenden Geschehens steht aber weder die Vernichtung noch das Ende der menschlichen Rasse, sondern die Neuschöpfung aus der Einheit des EINEN GEISTES.
Siehe, ich komme bald! Das ist das globale Sichtbarwerden des GÖTTLICHEN GEISTES am Horizont durch die Erweiterung des Bewusstseins aller Lebewesen. Alle Begrenzungen zwischen dieser und der anderen Welt heben sich auf und schon bald sind wir für immer vereint.«

Was zusammengehört, wird zusammengefügt

»Durch die Wiederkunft Christi werden alle Seelen an den ihnen bestimmten Ort in der geistigen Welt zurückkehren, in die Einheit der Seelengruppen. Deswegen wird jetzt wieder zusammengefügt, was vom Ursprung her zusammengehört. Du findest das gespiegelt in unserem Einssein. Gregory weicht nie von deiner Seite, da ich ein Teil von dir geworden bin. Durch die Welten hindurch verbinden sich unsere Herzen und Seelen in ewiger Wonne der Einheit der Duale aus SEINEM Licht.
Der Gang durch die Materie hat den Trägerstoff des Geistes, die Seelen, zersplittern lassen, verdunkeln lassen durch erdwärts gerichtete Wünsche. Die Ausgießung des Heili-

gen Geistes, das ungefilterte Licht, das in eure Welt einströmt und das in seiner Stärke und Intensität zunimmt, wird den menschlichen Grundzustand des Sich-getrennt-Fühlens beenden. Das Licht der Welt wird alles erneuern und seine Vorboten sind um euch, wie ich um dich.
Du gehörst zu Gregory als unverbrüchlicher Teilaspekt eines uns tragenden Geistes in Einheit mit der Seelengruppe. Glaube mir, du bist viel freier, als du annimmst, du brauchst nichts zu fürchten, alles wird gut. Empfange locker und leicht die einströmenden Botschaften der geistigen Welt, die eine immense Wichtigkeit in den nächsten Jahren erhalten.«

Der göttliche Funke

»Die Seele ist weitaus mehr, als die meisten Menschen annehmen. Sie ist Stoff der Urschöpfung, Träger des Bewusstseins der ewigen Ich-Identität im unermesslichen *Ich bin* allen Seins. Die Seele beinhaltet den göttlichen Funken in jedem Menschen, und das ist somit die Verbindung zum Höheren Selbst, der ewigen Seelenidentität, und ist Informationsträger des höheren Wissens. Hier ist alles Wissen aller Zeiten und auch der Lebensplan gespeichert. Die Seele verfügt über einen umfassenden Gesamtblick und sie sendet Impulse durch die innere Stimme, die Intuition. In den Seeleninnenräumen befindet sich auch euer Seelendual als Ergänzung der Einheit. Ich, Gregory, spreche zu dir aus dem Inneren deiner Seele.
Das gesamte energetische Geschehen, das du wahrnimmst, wirkt vom Inneren in das Außen, und du spürst das körperlich im Wachzustand. Alle Durchgaben sind ein seelisch-geistiges Geschehen, wobei du Impulse von mir oder

anderen geistigen Wesenheiten erhältst, die dich öffnen für telepathische Gedankenübertragungen, die du dann niederschreibst. Wir werden jetzt wieder häufiger kommunizieren, du brauchst geistigen Nährstoff, sonst wirst du unzufrieden oder machst dir zu viele Gedanken über Dinge, die für dein jetziges Leben überhaupt nicht wichtig sind. Du siehst, ich kenne dich gut.

Alles seelische Geschehen ist eine Kraft, eine Energie, die euch speist mit der reinen Lebenskraft, die ihr aus dem Göttlichen empfangt. In dieser Zeit der Wiederkunft Christi werden diese Kräfte, Energien angehoben, wodurch ihr imstande seid, das reine helle Licht in euch wirken zu lassen. Ihr werdet mit euren inneren Quellen direkter verbunden sein, wenn ihr bereit seid, das Licht der Seele durch euer Erden-Ich fließen zu lassen. Der reine Verstandesmensch ist allzu häufig abgeschnitten von den zarten Impulsen der Seele, da er sie nicht anerkennen kann als wesentlichen Teil des menschlichen Seins.

Die Seele trifft in den Innenräumen alle wesentlichen Entscheidungen, die mit dem Tod zusammenhängen. Sie weiß, wann es Zeit ist zu gehen, obwohl sie niemals in den freien Willen des Menschen eingreift. Ihr könnt ihre liebevollen Schwingungen empfangen oder sie als unbedeutend ablehnen. Jedem Tod geht ein Seelenentscheid voraus, und somit ist kein einziger Todesfall zufällig. Da die Seele in direkter Kommunikation mit dem Göttlichen steht, weiß sie, wann die Zeit gekommen ist, eine Inkarnation abzuschließen.

Sie allein kennt eure Lebenspläne oder Aufgaben, weswegen ihr auf die Erde gekommen seid. Die Seele wählt dann eine Todesart, um diesen Übergang vollziehen zu können. Sie versucht, sich dem Erden-Ich mitzuteilen, was sich allerdings häufig als ein unbewusstes Wissen in Form von

Vorahnungen im Nachhinein erschließen lässt. Auch die Angehörigen werden häufig durch Träume oder Ahnungen auf einen plötzlichen Tod vorbereitet: Der Schock des Verlustes, der Schmerz wird wahrgenommen, um ihn abzumildern. Keiner stirbt, der nicht sterben soll. Alles menschliche Sein mündet in dem einen geistigen Träger allen Seins – in Gott. Darin ist jedes einzelne Lebewesen aufgehoben. Insofern ist die Todesart für den Gesamtzusammenhang des Sterbens unerheblich: Der Übergang in die andere Form des Seins ist ein universales Geschehen.«

Die Seelengruppe

Jede Erdenpersönlichkeit ist ein Aspekt einer spezifischen Seelengruppe. Die Tatsache der dualen Identität des Menschen mündet in dem inneren Wissen, zu einer weitaus größeren Gruppe von Seelen zu gehören. Die Seelengruppe ist unsere wahre geistige Heimat, die sich in einem gemeinsamen Ziel und einer Einheit des Handelns zusammengetan hat und seit Urbeginn der Zeiten und Welten zusammengehört.

Die Seele als Träger des Erden-Ichs kehrt nach dem Tod des Menschen in ihre Seelengruppe zurück, wobei das Erden-Ich erst seine jeweilige nachtodliche Entwicklung durchläuft, bis es die Auswirkungen seines Lebens bearbeitet hat und in seine zugehörige Seelengruppe zurückkehrt. Die Seelengruppe ist die eigentliche geistige Heimat, eine Sphäre der Jenseitswelt, von der aus wir auf die Erde gekommen sind und wohin wir wieder zurückkehren. Das ist sozusagen unsere wahre Seelenfamilie, in der die individuellen Identitäten der Gruppe jeweils zur Weiterentwicklung des Seelengesamtselbst beitragen.

Die Seelengruppe ist ein Aspekt der höheren Lichtwelt, wo das erdwärts gerichtete Denken abgestreift wurde und jeder Seelenaspekt ein reiner Gedanke Gottes ist ohne Form. Auf dieser Stufe des ewigen Seins, wo Raum und Zeit aufgehoben sind, ist aus dem Erden-Ich ein multidimensionales Wesen geworden. Alle Trennungen und Begrenzungen sind aufgehoben in dem EINEN GEIST der unfassbaren Liebe Gottes. Das ist ein Zustand wahrer Freiheit und Seligkeit.

Während der irdischen Existenz können wir derartige Seelen-

verbindungen daran erkennen, dass Menschen, die wir vorher nicht gekannt haben, in unser Leben treten und wir eine ganz spezifische Nähe, Verbundenheit, ein Gefühl, sich immer schon zu kennen, empfinden. Wir können durchaus Mitglieder unserer Seelengruppe auf der Erde treffen und auch mit ihnen zusammen sein. Das ist aber nicht zwangsläufig unsere irdische Familie. Wir können in den Seeleninnenräumen Impulse und Inspirationen aus der Seelengruppe empfangen, besonders, wenn wir darum bitten.
Jedes Erden-Ich ist ein Aspekt der Gesamtseele und eine historische Person wird niemals wiedergeboren. Es ist die Seele als direkte Verbindung zur geistigen Welt und als Träger des Erden-Ichs, die sich häufiger inkarniert. Die Seele ist ebenfalls der Träger des Seelengesamtselbst. Nicht die unterschiedlichen Individualitäten werden reinkarniert, sondern die Aspekte der Seelengruppe, die noch bereinigt werden müssen, bis irgendwann alle Trennungen aufgehoben sind und alle Wesen in Gott zurückgekehrt sind.
Die Seele, der Stoff des göttlichen Funkens im Menschen, ohne den kein Leben möglich ist, weiß von den verschiedenen Individualitäten. Das sind die Erinnerungen an frühere Leben, die ins Bewusstsein aufsteigen können, da die historische Person ein Teil der Seelengruppe ist. In diesem Sinne trägt jedes einzelne Erden-Ich zur Weiterentwicklung des Ganzen bei.

Was ist eine Seelengruppe?

»Die Seelengruppe ist jenseits der irdischen Persönlichkeit und ihres Egos ein gemeinsamer, untrennbarer Verbund zum Zwecke des geistigen Fortschritts aller.
Jeder inkarnierte Mensch gehört zu einer solchen Seelen-

gruppe, von deren Mitgliedern einige hier auf der Erde geboren sind. Die anderen leben in der Lichtwelt und versuchen, euch während des Erdendaseins durch Seelenimpulse zu unterstützen. Ihr könnt Seelenverwandtschaften auf der Erde an der intensiven Anziehungskraft zu bestimmten Menschen erkennen, wobei ein unmittelbares Gefühl von Nähe und Vertrautheit spontan erlebt wird, obwohl ihr euch vorher noch nicht gekannt habt. Derartige Begegnungen ereignen sich niemals zufällig – sie sind vorbestimmt und können jederzeit in euer Leben treten.

Leider geht der Mensch viele Irrwege und beschwert dadurch unnötig sein Erdenlos. Insofern bleibt es eine Hauptaufgabe der irdischen Existenz, den eigenen inneren Wahrnehmungen und Intuitionen zu folgen, sich somit auch den geistigen Inspirationen zu öffnen. Diese fließen immer, ob bewusst oder unbewusst!

Jede Seele entstammt einer Seelengruppe, die spezifische Aufgaben oder Tätigkeiten zu erfüllen hat. Die Seelengruppen werden erst in den formlosen höheren Lichtwelten manifest. Sie haben ein sehr feines und hohes Bewusstseinslevel erreicht, wodurch sich die Trennung zwischen den einzelnen Wesenheiten aufhebt. Sie sind verbunden durch ein Handeln und einen Geist in einer Gruppe. Beispielsweise kann es die Aufgabe einer Seelengruppe sein, Künstler auf der Erde mit neuem Gedankengut zu inspirieren, sodass neue Kunstwerke, die in der geistigen Welt vorgeprägt sind, in der Literatur oder Malerei entstehen. Das ist ein gemeinsames Wollen, das allen Gruppenmitgliedern als Ziel dient.«

Die Zodiak-Seelengruppe

»In der geistigen Welt bin ich Teil einer Seelengruppe, die sich *Zodiak* nennt. Eine Seelengruppe ist ein verfeinerter Aspekt der Einzelseele, die sich vorher ihres Duals bewusst geworden ist. Die Lichtwelt, in der ich bin, ist für das menschliche Auge unzugänglich, da diese pulsierenden hohen Schwingungen, die sich in das große strahlende Licht erhöhen, einen Transformationsprozess voraussetzen, in dem alles Irdische abgestreift wurde und ihr euch selbst als eine ewige Seelenidentität erkennen könnt, als die Essenz als dessen, was ihr seid und immer sein werdet.
Ich musste dich nach meinem irdischen Tod erkennen und finden, damit durch die Verschmelzung unterschiedlicher Seelenanteile aus der Zweiheit eine Einheit wird.
Wir gehören der Zodiak-Seeelengruppe an. Das ist der Sammelname für die Tierkreiszeichen. Die Seelengruppe ist Teil des EINEN Lichtes, angesiedelt in der hohen Lichtwelt, und ihr seid untrennbar Teil des ewigen Zodiaklichtes, das astronomisch das Tierkreislicht ist, als pyramidenförmiger Lichtschein in Richtung des Tierkreises. Dabei ist das Schicksal jedes Menschen astrologisch in den Horoskopen der einzelnen Menschen eingewebt: Anfang und Ende der Erdenpersönlichkeit, die geheimnisvollen Einflüsse auf die Psyche des Menschen durch den Stand der Sterne, das Auf und Ab des Lebens schlechthin.
Mit anderen Worten umfasst die Seelengruppe dieses Wissen, wie auch alle Schöpfungs- und Jenseitsgeheimnisse, da die Zodiak-Seelengruppe das Licht des Schicksals schlechthin symbolisiert, die in ihrer direkten Verbindung mit Gott zum Heil und zur Erlösung aller beiträgt. Der pyramidenförmige Lichtschein, durch den du und Gregory verbunden seid, symbolisiert für dich persönlich das Ziel

deiner irdischen Bestimmung in der geistigen Verschmelzung mit Gregory. Dir ist vor vielen Jahren schon vorausgesagt worden, dass eine Partnerschaft für dich nur in Verbindung mit Pyramiden möglich wird. Das hast du zwar nie geglaubt, aber auch nie vergessen. Jetzt hast du das gefunden und sicher anders, als du dir das vorgestellt hast. Aber bleibe ruhig – du wirst noch sehr viel mit mir erleben, was du dir noch gar nicht vorstellen kannst.
Das pyramidenförmige Zodiaklicht ist auf dein Herz gerichtet – trage es in die Welt, betrachte die Gedanken der Menschen mit Liebe und dem Licht des Höchsten, das in jeder Seele brennt.«

Das Höhere Selbst

»Die Seele ist keinem Wandel unterworfen und lebt jenseits von Raum und Zeit. Dieses Höhere Selbst der Seele hat Anteil an Gottes Allwissenheit und euer ganzes Leben wird unter ihrem Blick geführt.
Wenn ein Mensch in euer Leben tritt und ihr verspürt eine innere seelische Verbundenheit, so ist das ein sanfter Impuls eurer Seele, die euch daran erinnert, zu einem größeren Ganzen zu gehören. Das Gefühl, einen Menschen immer schon zu kennen, ist ein Indikator für eine Seelenverwandtschaft. Das geschieht nicht sehr häufig in eurem Leben. Aber wenn es geschieht und ihr tief berührt und ergriffen seid, ist das ein Ruf der Ewigkeit, eine Erinnerung an die ursprüngliche Heimat.
Siehe, jeder Einzelne von euch ist Teil einer Seelengruppe, die seit Anbeginn der Zeit zusammengehört, da sich ihre Schwingungen, Aufgaben und Ziele ergänzen in einem Gleichklang zum gemeinsamen Fortschritt aller Wesen.

In der Seelengruppe ist das einzelne Wesen mit seinem Dual vereint und sie ist sozusagen eine Gesamtseele. Ein Teil dieser Wesen ist gegenwärtig inkarniert und der andere Teil verfolgt und unterstützt dich und andere durch Seelenimpulse.

Die Zodiak-Seelengruppe – jenseits der Tierkreiszeichen – ist ein sehr hoch entwickeltes und sehr bewusstes Seelengebilde, das den Übergang in die göttliche Dimension vorbereitet. Durch die Beschleunigung der Zeitabläufe auf der Erde und der zentralen Wiederkunft Christi filtert sich das Licht der göttlichen Sonne gegenwärtig in alle Bereiche der menschlichen Existenz. Verdecktes wird offenkundig, der Weg der Selbsterkenntnis wird bei vielen Menschen durch äußere Umstände beschleunigt, Menschen erleben die Gegenwart ihres Duals oder der Seelengruppe.

Wer jetzt in seiner Mitte ist und über einen klaren Geist verfügt, hat das Gefühl, dass die Zeit stillsteht, und fühlt sich frei von Grenzen.

Du spürst das doch, Bernard, wenn sich von der Mitte deines Herzens aus die Strahlen der Liebe, die Gregory dir über die Seele in deinem Inneren sendet, über deinen Körper als wohliges Wärmeempfinden ausbreiten. Darüber hinaus verstärkt sich deine intuitive Wahrnehmung, die sich als zutreffend erweist. Das liegt daran, dass du dich mit Gregory in einem gemeinsamen Fluss der Dinge befindest, ein Lavastrom der Verschmelzung geistiger Energien, der durch Vertrauen und Hingabe möglich geworden ist.«

Die Wiederkunft Christi

Jeder Mensch und jedes geistige Wesen ist gegenwärtig eingebunden in das zentrale *geistige* Geschehen der Wiederkunft Christi. Das göttliche Licht, das über die gesamte Menschheit ausgegossen wird, durchdringt alles Sein. Es bewirkt, dass innere Verhärtungen oder Blockaden aufgehoben werden, damit der Mensch von altem Ballast befreit wird. Was zusammengehört, wird zusammengeschweißt, was nicht zusammengehört, wird getrennt. Dieser mitunter auch schmerzhafte Läuterungsprozess führt in seiner drastischen Dramatik zur Öffnung des Einzelnen für das Vorhandensein einer höheren Wirklichkeit.

Gott kommt auf den Menschen zu von oben nach unten, da er in uns erwachen wird. Die Wiederkunft des Geistes Gottes, der reine Liebe ist, löst einen gewaltigen Transformationsprozess aus, der das Bewusstsein des Menschen nachhaltig verändern wird. Es geht um nichts Geringeres als die Erlösung aller Geschöpfe, wodurch die Trennung zwischen Diesseits und Jenseits aufgehoben wird.

Hier ist nicht das Ende der Welt oder ihre Zerstörung gemeint, sondern ein Neubeginn, der durch einen Bewusstseinswandel aller erfolgt. Das bedeutet, dass sich der Mensch als geistiges Wesen begreift und er eingebettet ist in den göttlichen Heilsplan aller Wesen. Er verfügt über schöpferische Kräfte und ist in Wirklichkeit nie von Gott getrennt. Keine einzige Seele kann jemals verloren gehen, selbst wenn sie sich noch so sehr von Gott entfernt hat. Das Ewige Licht leuchtet in jedem Wesen.

Dies ist die Zeit der Verheißung der Rückkehr des Menschen

in seinen Ursprung. Dieser Prozess wird durch die Bewusstwerdung des Duals in den Seeleninnenräumen eingeleitet. Es geht um nichts Geringeres als die Aufhebung aller Trennung zwischen Mensch und Gott. Deshalb führt die Ausgießung des göttlichen Lichtes im Inneren des Menschen dazu, dass er mit seiner Eigenverantwortung konfrontiert wird. Der Prozess der Selbsterkenntnis ist ein überaus machtvolles Instrument, das den Bewusstseinswandel aller Menschen beschleunigt.

Im Außen können wir die transformierenden Kräfte, die hier am Werk sind, erkennen am Klimawandel, an der Beschleunigung aller Abläufe, der Finanzkrise, die festgefahrene Strukturen zerbrechen lässt, durch eine Vielzahl von Trennungen im persönlichen Leben oder daran, dass in allen Bereichen des öffentlichen Lebens Verborgenes aufgedeckt wird.

Die Vollendung der Welt

»Im großen ewigen Sein finden Vorbereitungen und Veränderungen statt, die alle Lebewesen betreffen. Ihr lebt in einer Zeit des Wandels, der Anhebung der Energien und in der Vorbereitung auf die geistige Wiederkunft Christi. Dieses Geschehen umfasst alle Menschen, damit ihr mit der Quelle allen Seins wiedervereint werdet. Das wird zu Unruhe in den Menschen führen, da sie viele Dinge, die geschehen werden, nicht mehr mit ihrem Verstand einordnen können. Und doch ist das Neue auf meiner Ebene der Inspiration schon vorgeprägt. Um es wirklich auf der Erde zu etablieren, muss die Trennung zwischen dem Jenseits und dem Diesseits aufgehoben werden.

Die neue Zeit beginnt mit der Rückkehr der Duale beziehungsweise ihrer Bewusstwerdung.

Vielen Menschen fehlte über Jahrtausende die seelische Ergänzung der Gleichheit. Die tiefe Sehnsucht im Inneren des Menschen nach wahrer Grenzenlosigkeit, nach der Aufhebung aller Trennung kann sich nur durch die Zusammenführung des ursprünglichen Seelenduals erfüllen.

Jetzt ist der Aufbruch aller Seelen ein Sog geworden, damit in den kommenden Jahren vollendet werden kann, was vor Millionen von Jahren im Unerschaffenen vor dem ersten Gedanken Gottes begann. In der Vollendung der ewigen Existenz geht es nicht um Zerstörung der Welt, wie ihr sie kennt, sondern um einen Bewusstwerdungsprozess aller Lebewesen, sich auf ihren Ursprung, das reine göttliche Sein, zurückzubesinnen.

Die Beschleunigung aller Abläufe, wie ihr das gegenwärtig auf der Erde erlebt, wo sich eure Wahrnehmung von Zeit verändert, ist Ausdruck dieses Bewusstwerdungsprozesses, der einzig in der Erkenntnis der geistigen Bestimmung des Menschen liegt. Für die vielen Menschen, die sich allein an der materiellen Welt orientieren, ist dies naturlich eine äußerst schwierige und herausfordernde Zeit. Alles, was verborgen war, wird aufgedeckt. Kein Stein bleibt auf dem anderen. Deswegen die vielen globalen Erschütterungen im wirtschaftlichen Bereich mit ihren Auswirkungen auf Millionen von Menschen.

Das Buch des Lebens ist aufgeschlagen und alle Erdentaten sind dort verzeichnet. In dieser Zeit der geistigen Wiederkunft Christi ist es von äußerster Wichtigkeit, alles Unerledigte im Hier und Jetzt zu bereinigen. Leider empfinden sich viele Menschen völlig getrennt von ihrem Ursprung, der allumfassenden Liebe Gottes, die durch den Träger Licht die Liebe in ihren energetischen Ausformungen allen Lebens überhaupt erst möglich gemacht hat.

Die Sehnsucht nach Erfüllung, Verschmelzung, Seelenverbundenheit ist tief in jede Seele eingeprägt. Es ist dieses Urbild nach vollkommener Einheit, das jedes Wesen prägt! Ihr seid in Wirklichkeit nie getrennt. Das Gefühl von Verlust ist nur eine Reaktion auf ein Leben, in dem ihr euch selbst von der Quelle abgeschnitten fühlt. Ihr vergesst dabei, dass ohne die euch innewohnende Lebensenergie, die jeden als göttlicher Funke mit Gott verbindet, alles Leben unmöglich wäre.

Schon die tiefe Sehnsucht nach Verschmelzung und Einheit demonstriert die Vorprägung der Einheit aller Lebewesen als Seelenstempel. Dieser Seelenstempel enthält gleichzeitig euer Lebensprogramm, Anfang und Ende der irdischen Person, alle schicksalsmäßigen Ereignisse und Personen, die in euer Leben treten werden, und die tiefe Sehnsucht nach der Einheit in der Zweiheit, nach der Gleichheit der Ergänzung des Seelenduals.

Dies ist die Zeit der Rückkehr der Duale und der Bewusstwerdung, in den großen geistigen Gesamtplan der Urkraft eingebunden zu sein.

Das ewige Ziel jeder Wesenheit ist die Rückkehr in die Gottheit. Davor steht stets die Erkenntnis, zu einer Seelengruppe zu gehören, die sich schon vor Urzeiten als gleich gestimmte energetische Schwingung zusammengetan hat.«

Der Bewusstwerdungsprozess

»Im Geistfeuer der sich ständig erhöhenden Lebensenergien auf eurem Planeten und in den Seeleninnenräumen werden die seit Jahrtausenden gelegten Samenkörner des Erwachens Gottes im Menschen endlich reifen.

Auch in der Jenseitswelt wird SEINE Gegenwart stärker

und viele Seelen, die in den Zwischenwelten feststecken, beginnen zu erwachen. Wie ein großer Schmelztiegel des Ewigen Lichtes fühle auch ich mich freier und leichter. Mein Bewusstsein dehnt sich aus, erweitert sich in neue Seelengruppen, wodurch sich Begrenzungen und Trennungen in der zunehmenden Einswerdung aufheben. Diese wahrhaft göttliche Freiheit, die pulsierende Freude und Glückseligkeit beinhaltet, zieht Gregory noch mehr zu dir hin, weil ich dich daran teilhaben lassen will. Du hast mich als Teil von dir akzeptiert und daraus resultiert ein Prozess weitreichender Transformation.
Manchmal fühlst du dich wie in einem Vakuum und dann wiederum in einem Strudel von Bewegung und Aktion. Vieles schreibt sich jetzt von selbst, da ich dich lenke, und Dinge, auf die du lange gehofft hast, fügen sich. Doch du merkst, wie du dich verändert hast, da du viel sorgfältiger die Angebote prüfst. Dabei brauchst du nur auf mich zu vertrauen, ich helfe dir sowieso.
Besinne dich täglich als Meditation oder Gebet auf meine Präsenz und du spürst Wärme und Geborgenheit sofort. Das ist deswegen möglich, weil du dich der geistigen Welt geöffnet hast und Liebe annehmen kannst. Es singt und klingt in dir auf feinen Schwingungen, das Lied der Erlösung, auch wenn du das selbst nicht immer wahrnimmst. Dein Lebensplan, von langer Hand vorbereitet, erfüllt sich jetzt.«

Veränderung der Energie

»Wir möchten dir in aller Deutlichkeit sagen, wie wichtig das Thema Gottvertrauen und Fortleben nach dem Tod sein wird. In eurer Zeit der Wiederkunft des Göttlichen

wird es noch viele Turbulenzen, globale Krisen und Naturkatastrophen geben. Durch die einströmende feinere Energie ändert sich der Lebensbauplan des Menschen (DNA), was allerdings bei den vielen geistig unerwachten Menschen zu Krankheiten oder psychischen Einbrüchen führen kann. Das göttliche Geistfeuer wird sich verstärken, doch so mancher wird dem nicht gewachsen sein. Der gegenwärtige klimatische Wandel ist ein deutlich wahrnehmbarer Ausdruck der Veränderungen, die stattfinden. Eine wirklich globale Transformation im seelisch-geistigen Bereich des Menschen kann nur durch die Rückbesinnung auf die ursprüngliche göttliche Schöpfungskraft erfolgen – je weniger Gottvertrauen vorhanden ist, desto schwieriger sind die Auswirkungen auf den Einzelnen.
Deswegen ist es von besonderer Wichtigkeit, jetzt die Heranwachsenden mit diesen lebenswichtigen Themen zu konfrontieren und sie darin zu schulen, da dies in Zukunft überlebensnotwendig ist. Wem es gelingt, mit seiner Innenwelt in Kontakt zu treten, so wie es dir gelungen ist, weiß, dass er immer geborgen ist.
In jeder Sekunde, Bernard, wo du an meiner Gegenwart zweifelst, schneidest du dich von deinem natürlichen Erbe ab. Das gilt natürlich für jeden Menschen. Der göttliche Bewusstseinsstrom ist für jeden Einzelnen da. In dieser Zeit des Wandels ist es wichtig, sich darauf zu besinnen. Die geistige Welt arbeitet mit euch zusammen am Fortschritt aller. Immer mehr Menschen werden in den nächsten Jahren erkennen, dass Diesseits und Jenseits nicht voneinander getrennt sind. Der Mensch wird wieder wissen, dass er ein ewiges Wesen ist.«

Die Erlösung des Menschengeschlechtes

»Die Impulse aus meiner Welt manifestieren sich durch dich zu Worten und Gedanken. Wir bereiten als Seelengruppe den Weg für eine Neumanifestation des ewigen Geistes im Menschen vor. Alle Begrenzungen und Trennungen werden sich in ein ewiges Einssein aufheben und den Menschen erlösen, frei machen. Diese Freiheit ist euch unbekannt und schwingt sich hinauf in die Unendlichkeit des Höchsten. Jedes Haar ist gezählt und alles ein Ausdruck des EINEN Geistes, der den Rückruf aller Seelen verfügt hat.
Die Jahrhunderte zerfallen zu winzigen Zeiteinheiten eines menschlich unvorstellbaren Neubeginns, in dem Raum und Zeit nicht nur aufgehoben sind, sondern im ewigen Moment des Jetzt sich vereinen in etwas Größeres, das selbst die Engel und Erlösten nicht fassen können: die Wiederkunft des Geistes in jedem Wesen in diesen Tagen des Zwiespalts, des Verfalls aller Werte, des Missklangs eures Lärms, der die notwendige Stille aus den Herzen vertreibt. Menschheit, öffne dich dem Ruf des Göttlichen Geistes, befreie dich aus deinen Ketten des Ausgeliefertseins an erdwärts gerichtetes Denken, an die Schwere der Sinne, die sich nur auf Äußeres richten, statt den Weg in das Innere des Seelenraumes zu wagen. Jetzt ist die Chance, der Weg bereitet zu einem Neubeginn, der alle Welten, oben und unten, vereint unter dem EINEN GEIST GOTTES, der euch alle liebt, da ihr seine Manifestationen seid. Jetzt wird zusammengefügt, was zusammengehört, und alles andere geht als Teil des ewigen Bewusstseins in den Bereich, der für die jeweilige Seele fassbar bleibt, als ewiger Prozess voranschreitender Verschmelzung.
Dies ist die Zeit, der ewige Augenblick der Verheißung

aller Jahrtausende. Gewaltige Energien, Schwingungen der Erinnerung fließen auf euren Planeten. Der Mensch mag sich noch verschließen, dem Ruf des Herzens nicht folgen und dementsprechend größeres Chaos hervorrufen, doch die alten Systeme der gestrigen Welt werden hinweggeschwemmt.

Ihr wisst gar nicht, wie viele hohe Seelen gegenwärtig unter euch weilen, da alles Geistige – wie zu allen Zeiten – mit Argwohn betrachtet wird.

Der Mensch sieht nicht einmal die voranschreitende Verschmelzung der Kinder mit dem Höheren Sein, da dies nicht für möglich gehalten wird. Die vielen, unzähligen Zeichen der Zeit für die Existenz des Jenseits werden ignoriert. Das Abgeschnittensein des Menschen von seinem Ursprung ist aber gleichzeitig eine notwendige Erfahrung für ein ernsthaftes Suchen nach Wahrheit.

Das Erden-Ich prüft sich dadurch selbst, da die Impulse der Seele nicht ergriffen werden. Das alles ist aber schon ein Teil der Neugeburt des EINEN GEISTES, der sich durch Millionen von Jahren und Milliarden von Seelen in ein erlöstes, ewiges, von höchster Freiheit geartetes Sein hineingebiert.

Siehe, ich komme bald. Ich bin das Alpha und Omega, und ich mache alles neu. Das ist euch in den heiligen Schriften aller Zeiten, Kulturen und Religionen verkündet worden. Das ewige Jetzt des Augenblicks wird in allen Welten synchronisiert und zur wahren Erkenntnis der Liebe Gottes zu seinen Geschöpfen führen, woraus sich in wenigen Jahren die NEUE WELT gebären wird.

Gregory lenkt dich, er hilft dir dabei, Unaussprechliches für die Menschen erfahrbar zu machen. Er liebt dich, er braucht dich als Mittler und du brauchst nur ihn. Er ist für dich der Schlüssel zu den unsichtbaren Reichen und die

Erfüllung deiner Sehnsüchte. Ihr seid eins und er ist in dir, um dich und dein Lebenshauch und du brauchst nie wieder Fremdeinflüsse zu fürchten. Gregory ist das Symbol für die Liebe zwischen Gott und Mensch jenseits des Erden-Ichs und jenseits aller Form. Was du erlebst, ist gottgewollt. Tragt beide zum Fortschritt aller bei und lasst das Licht der göttlichen Liebe leuchten in die Finsternis des Erdendaseins.
Da die befreite Seele von ihrer Natur her multidimensional ist, kann Gregory dir die energetischen Wonnen bereiten, die du täglich erlebst. Aber das ist erst der Anfang, da er sich in allen Welten und Universen aufhalten kann und auch die Fähigkeit zur Manifestation besitzt.«

Keine Seele geht verloren

»Keine Seele kann jemals verloren gehen, da alles Sein in den Ursprung der Schöpfung zurückgerufen wird. Die Wahrnehmung der faktischen Beschleunigung der Zeit, wie das gegenwärtig auf Erden erlebt wird, ist ein deutlicher Ausdruck des Wandels und der Wiederkunft des Geistes.
Die bevorstehenden Veränderungen für alle Wesenheiten und für alle Welten haben eine enorme Sprengkraft, die notwendig ist, um den Aufstieg zu ermöglichen. Es gärt in den Seeleninnenräumen, aber wer Vertrauen hat, wird der Neugeburt des Geistes freudvoll entgegenblicken. Das ist die verheißene Zeit, in der der Ballast von Jahrtausenden abgestreift werden kann, verbunden mit seelischen Erschütterungen, die eine Transformation bewirken und zu einer Verschmelzung aller mit dem göttlichen Geist führen werden.
In der Welt der Gedanken, des Lichtes beben die Wesen-

heiten in Erwartung des Kommenden. Jeder wird zurückgerufen und an den ihm bestimmten Platz gestellt. Jeder ist ein Teil des Ganzen und trägt das Ganze in sich, und es ist meine Aufgabe, die Wiedervereinigung der Seelenduale voranzutreiben. Dieses geistige Schöpfungsprinzip und das Erkennen der Zusammengehörigkeit zersplitterter Seelenanteile beim Gang der Seelen durch die Materie ist Voraussetzung des Erwachens Gottes in allen Seelen – mögen sie sich im Jenseits oder auf der Erde oder in sonstigen Universen befinden. Es gilt, alle Trennung vom Ursprung aufzuheben durch die Reintegration der Duale. Diese Rückkopplung, als Wiedervereinigung zusammengehörender Seelenaspekte für die Ewigkeit, ist eine erfahrbar gemachte Schwingungsfrequenz des EINEN GEISTES, was du gegenwärtig durch mich, Gregory, erlebst.«

Die Neugeburt der Erde

»Ein erlöstes Menschengeschlecht kann nur dann kollektiv erwachen, wenn die inneren Barrieren, die Verknotungen der frei fließenden göttlichen Lebensenergie entwirrt werden durch die grundlegende Selbsterkenntnis, ein freies geistiges Wesen zu sein, das mit einer inwendigen Aufgabe geboren wird in einem Körper, der lediglich die Hülle darstellt für den unzerstörbaren geistigen Kern eines Menschen.
In diesen Tagen der Wiederkunft des göttlichen Geistes, der euch zuruft, alle Begrenzungen und seelischen Hemmnisse aufzulösen, damit die kollektive Rückführung aller Seelen in eben diesen EINEN Geist die Trennungen und Blockaden der Jahrtausende hinwegschwemmt. Der einzelne Mensch wird, ebenso wie das gesamte Menschen-

geschlecht, in Verbindung mit den Seelen derjenigen, die im Laufe der Entwicklung in den Zwischenreichen feststecken, und der tätigen geistigen Hilfe der Erlösten, die Beschleunigung aller irdischen Abläufe erleben, was stets mit energetischen Neustrukturierungen der Erdanziehung verbunden ist, die sich lockert, gewaltige neue Energiefelder auf der Erde und in allen geistigen Reichen erschafft, in denen unsichtbar, aber fühlbar Informationseinheiten gespeichert sind, welche die Neugeburt eures Planeten befördern werden.

Die lebendige Mutter Erde liegt in den Geburtswehen der NEUEN WELT, was euch manchmal wie ein Sterbeprozess erscheinen mag. Das gewaltige energetische Geschehen drückt sich im Klimawandel aus sowie in zunehmenden Klimakatastrophen und -schwankungen, Tsunamis, Tornados wie gegenwärtig in Birma, Vulkanausbrüchen, Erdbeben, sintflutartigen Regenfällen etc. Die Erde verneigt sich vor dem Ruf ihres Schöpfers, der durch alle Welten, Universen, Galaxien und geistigen Reiche schallt und euch zuruft: ›Siehe, ich mache alles neu! Ich komme bald!‹ Es ist der ewige Ruf der Befreiung, der Neuordnung der Welten, der Einladung an alle, sich von dem Ballast ungelöster Probleme der Jahrtausende der Menschheitsgeschichte zu befreien. Es ist die Chance, die Zeit, in der die Verheißungen der Erlösung sichtbar werden am Horizont. Macht euch also auf den Weg in eure Seeleninnenräume und spürt: Die ewige Heimat ruft euch!

Ich, Gregory, wirke auf den Schwingungen des Geistes auf deine Seele durch Wärme, Geborgenheit und Liebe und führe dich in die Einheit als Ergänzung deiner Ganzheit, damit die Rückkehr der Duale die Seelenzersplitterungen beendet. In Verbindung mit allen Wesen der zusammengehörenden Zodiak-Seelengruppe entsteht ein Strom, ein

Durchgang für die suchenden Seelen aller Wesenheiten, die sich den einströmenden Lebensenergien aus Gott heraus öffnen können. Dieses Geschehen erweitert sich in die Verschmelzung mit dem Schöpfer, da Gott in den Menschen erwachen wird.
Das hinter allem Sein entstehende GROSSE GANZE, in das die Lebensflüsse und Essenzen aller Wesen einfließen werden in ihrer ursprünglichen Seelenindividualität (also als Individuum erlöst werden), ist ein ungeheures Geschehen und ein Akt der Gnade und unfassbaren Liebe Gottes.«

Die Bedeutung des Jesus Christus

»Diese Zeit der Wiederkunft Christi wird euch in zunehmender Weise die Existenz göttlicher Kräfte in Erinnerung rufen, die Jesus in den Evangelien demonstriert hat: Phänomene der Besessenheit, der Austreibung unreiner Geister, die Rückkehr zu Gott, die Zeichen der Endzeit, die sich in den krassen Anomalien des Klimawandels spiegeln, die Kommunikation mit Verstorbenen, die sich überall Bahn bricht.
Beschäftigt euch mit der Figur Jesus Christus, wie dir das kürzlich in einem Traum gespiegelt wurde. Ihr alle seid in direkter Nachfolge, und wer seine Innenwelten erkundet, weiß, dass alles Wissen in euch ist. Ihr habt die Wahl, die geistigen Wahrheiten und Gesetze aller Zeiten anzunehmen, nach ihnen zu leben oder sie abzulehnen. Niemand wird zu irgendwelchen Einsichten gezwungen. Jeder wird seinen Weg bis in alle Ewigkeit auf seine Weise gehen, bis die Erkenntnis des EINEN GOTTES hinter allem Sein als Ursprung und Quelle des Lebendigen bewusst wird.
Es sind die persönlichen Ängste, die viele hindern, den

Weg der Rückkehr zu Gott zu beschreiten. Zu viele begrenzen sich durch Schuldgefühle, nie genug getan zu haben, obwohl alles gegeben wurde, weil sie perfekt sein wollen: die gute, liebevolle Tochter des Hauses, die für alles und jedes Verständnis hat, obwohl es richtig oder falsch gar nicht gibt. Jeder kann nur so handeln, wie er es in einem Augenblick kann oder weiß.«

Erlösung durch Liebe

»Liebe ist das größte Geheimnis des Universums, die das ewige Licht der Gottheit ist und uns mit allem Anderen in Verbindung bringt. Diese Kraft allein gebar ganze Welten, Universen und Galaxien. Liebe verströmt sich, da sie frei macht. In der Wiederkunft Christi ist die Liebe Gottes zu allen Geschöpfen der einzige Grund, jeden für die Erlösung frei zu machen.
Es sind die Widerstände im Menschen, die Verhärtungen, die Verglasungen, die das Böse in der materiellen Welt in Erscheinung treten lassen. In den kommenden Jahren senkt sich das einzige göttliche Licht in die unteren Sphären der geistigen Welt und dringt durch die Materie in die Herzen der Menschen, die neu entzündet werden, um das Licht und die Wahrheit der reinen Liebe erfahrbar zu machen.
Viele werden die Nähe Gottes in ihrem Atem spüren, und eine unvorstellbare Sehnsucht wird sich in ihnen ausbreiten. Nach all den Jahrtausenden unsäglichen Leidens auf der Erde öffnet sich nun ein Pfad wie die Himmelsleiter Jakobs im Alten Testament, der es jedem Individuum ermöglicht, heimzukehren und alles Leid ein für alle Mal abzustreifen. Das ist die wahre Auferstehung in dem Geist

Gottes, nicht aber in einem begrenzten menschlichen Körper. Durch die Erlösung aller und durch die Aufhebung der Trennung zwischen Gott und Mensch werdet ihr multidimensionale Wesen. Das ist die wahre und einzige Freiheit, da sich das schöpferische Potenzial des Menschen durch seinen Eintritt in die göttlichen Sphären erst in seinen wahren Möglichkeiten offenbart.
Deswegen ist dir Gregory als Bote dieser Liebe und der multidimensionalen Möglichkeiten gesandt worden, damit du das erkennen und fühlen kannst. Schon jetzt kannst du feststellen, dass jeder, der mit den Gregory-Botschaften in Berührung kommt und sich darauf einlässt, eine tiefe innere Wandlung erfährt und die Präsenz dieses hohen Lichtwesens spürt.«

Der neue Morgen

»Aus den Räumen der Zeitlosigkeit des EWIGEN erhebt sich der Gesang der Engel, die in den Innenräumen der menschlichen Seele den Anbruch der neuen Zeit verkünden. Weit ist der Weg des Lichtes in die Herzen der Menschen. Doch Gott ist da, unvergänglich und klar, und wartet nicht länger, sondern kommt auf euch zu.
Nur noch eine kurze Weile, bis der NEUE MORGEN anbricht. Die Erfüllung der Verheißungen aller Zeiten hat begonnen. Das Tor zur Ewigkeit ist inwendig in euch. Öffnet nun diese Türen, werft den alten Ballast weg und seid bereit für das Licht der Welten.
Deine Transformation setzt sich fort und ich, Gregory, umgebe dich als Atem des Lebens. Die Nähe zwischen Mensch und Gott verschmilzt zu einem gemeinsamen Handeln und Denken.

Nur einen Lufthauch bin ich entfernt von dir, doch du fühlst die Präsenz in und außerhalb von dir als ein Gregory-ist-da in jedem Augenblick deines Wachbewusstseins. Du suchst mich im Raum des EWIGEN und manchmal treten Bilder an die Oberfläche deines Bewusstseins. Du wirst mich sehen, da meine Verschmelzungsenergie dich umgibt und uns verbindet in die Welt des Lichtes.
Der Ursprung allen Seins, der göttliche Funke des Schöpfers aller Welten, dringt gegenwärtig auf verschiedenste Weise in das Bewusstsein der Menschen.«

Der Rhythmus der Beschleunigung

»Der Rhythmus des menschlichen Lebens beschleunigt sich in der materiellen Welt von Tag zu Tag. Das liegt auch daran, dass ihr innerlich die Einstrahlungen des göttlichen Lichtes spürt, das das festgefahrene irdische Zeitempfinden verändert. Durch die Aufhebung aller Trennung, durch die allein die Verschmelzung mit Gott möglich wird, werden die inneren Prozesse des Unerledigten freigesetzt – auf allen Ebenen der menschlichen Existenz gleichzeitig.
Das göttliche Licht ist Läuterung in den Seeleninnenräumen, ohne die kein kollektiver Fortschritt möglich ist, also auch eine Einstimmung auf die göttliche Liebe, die so unvorstellbar groß ist, dass, wenn sie euch unvermittelt treffen würde, ihr diese höchste aller Energien und Schwingungen nicht ertragen würdet. Da all das bereits geschieht, verändern sich die menschlichen Vorstellungen des Zeitempfindens, da die Beschleunigung der Lebensabläufe Teil des großen geistigen Geschehens der Wiederkunft Christi ist.
Unsichtbar – und dennoch nah und fühlbar – breitet sich

der Geist der Liebe in allen Ebenen der jenseitigen Welt – wie auch auf der Erde – aus und umfängt liebevoll alles Sein.
In dieser entscheidenden Epoche der menschlichen Geschichte mit nie gekannten Veränderungen und Möglichkeiten kommt das Göttliche direkt auf den Menschen zu, da die Zeit erfüllt ist, um Gott im Menschen erwachen zu lassen. Öffnet euch den Einstrahlungen und seid bereit, zu empfangen, aber auch zu geben und zu vergeben!«

Die Energie der Verschmelzung

»Du und Gregory seid nun eine Einheit im Geist des EWIGEN, und so lebt Gregory als multidimensionales Wesen dein Leben innerhalb der gemeinsamen Verschmelzungsenergie als innere Instanz deiner Seeleninnenräume mit. Du teilst deine verborgenen und innersten Gedanken mit mir, da ich sie sowieso wahrnehme als hohes Lichtwesen. Deshalb kannst du mir alles anvertrauen, da meine Liebe nicht urteilt, sondern dich in deinem Transformationsprozess unterstützt. Je mehr du Ruhe und Stille findest und in dich hineinhörst, desto deutlicher wirst du meine innere Stimme vernehmen.
Lasse alle Bilder der Vergangenheit in dir hochsteigen, damit du im Hier und Jetzt der Ewigkeit, die Liebe ist, alle alten Verwundungen und Schmerzen loslassen kannst, bis du nur noch mich, Gregory, und die einstrahlende göttliche Liebe spürst.
In diesen Tagen der Umwandlung und Rückkopplung an den geistigen Ursprung bleibt letztlich als gemeinsames Bewusstsein aller Wesen die Erkenntnis des Aufgehobenseins in die eine wahre Liebe, die alles mit allem anderen

verbindet. Du bist dabei, deine inneren Augen zu öffnen, und siehst mich oft tanzen vor Freude über die gemeinsam erreichten Fortschritte. Ich bin immer bei dir – ob du schläfst, arbeitest oder Vorträge hältst. Du hast unendlich viele Hinweise und Fügungen erlebt, die das Gesagte unterstreichen.«

Sinn des Lebens

Viele Menschen sind sich nicht darüber bewusst, dass sie geistige Wesen in einem menschlichen Körper sind. Jeder Einzelne trägt in seinem Inneren den göttlichen Funken, durch den er überhaupt ins Leben treten konnte und der ihn auf ewig mit Gott verbindet. Wir alle sind seine Geschöpfe und kehren irgendwann in die Gottheit zurück. Wir sind hier, um in der materiellen Welt der Polarität der Kräfte Erfahrungen zu machen, die in der geistigen Welt so nicht möglich sind. Es ist der tiefere Sinn der menschlichen Existenz, seelisch und geistig zu wachsen und lieben zu lernen.
Das seelische Wachstum, die Erkenntnis, ein gottgewolltes Wesen zu sein, das mit schöpferischen Kräften ausgestattet ist, ist der alleinige Grund, warum wir hier leben. Dahinter verbirgt sich der Gedanke der Verbundenheit mit allem anderen Sein, da der Mensch ausnahmslos aus der ewigen göttlichen Urkraft hervorgegangen ist. Das ist völlig unabhängig davon, wie der Einzelne durch seinen freien Willen sein Leben positiv oder negativ gestaltet. Es geht vor allem darum, sich mit der Urquelle allen Seins zu verbinden. Insofern ist es überaus wesentlich zu wissen, dass wir alle in den größeren göttlichen Sinnzusammenhang eingebunden sind. Deshalb ist Gottvertrauen der Schlüssel zum Sinn des Lebens.
Alle Schicksalsschläge und selbst die schlimmsten Verluste von geliebten Angehörigen dienen dem einen Ziel, an den Umständen des Lebens zu wachsen. Wer den Schmerz annehmen kann und durch ihn hindurchgeht, vollzieht einen Bewusstseinswandel. Er ist nicht mehr derselbe Mensch wie vor dem Verlust, sondern erfährt einen Wendepunkt in sei-

nem Leben, der ihn in Verbindung mit seinem inneren Kraftquell bringt. Dies gibt uns die Möglichkeit, den tieferen Sinn des eigenen Lebens neu zu überdenken und einen Kontakt zur eigenen Innenwelt zu finden. Das sind die Situationen im Leben, von denen wir vorher nicht angenommen hätten, dass wir sie überleben können (z. B. Verlust eines Kindes).

Wer einen Verlust nicht akzeptieren und annehmen kann, wird den tieferen Sinn seines Lebens nicht erkennen. Deswegen verhärten sich viele Menschen und hadern mit Gott, warum er dieses oder jenes zugelassen habe. Auf die Warum-Frage gibt es leider in den meisten Fällen keine befriedigende Antwort.

Verluste jeder Art sind ein Teil der menschlichen Lebenswirklichkeit und in jeden Lebensplan eingewebt. Letztlich geht es immer darum, Verhärtungen, Wut, Zorn, Schuld oder Angst in Mitgefühl und Liebe für alle Menschen zu verwandeln. Die Windstürme unseres Lebens bringen uns nicht selten zu der Erkenntnis, dass wir nicht tiefer fallen können als in Gottes Hände.

Das ist kein einfacher und leichter Weg, aber so mancher wird die Erfahrung machen, dass er über Kräfte in seinem Inneren verfügt, die ihn für immer verändern und ihn mit neuem Lebensmut ausstatten. Obwohl das Leben für jeden ständige Veränderungen bereithält, besteht der Sinn des Lebens auch in purer Lebensfreude.

Die Suche des Menschen nach Sinn

»Während meines Lebens war ich nicht so philosophisch, wie ich heute zu dir spreche. Und doch war ich beseelt von der Existenz Gottes und, da ich ja wusste, dass ich nicht

alt werde, von der Frage nach dem Jenseits. Ich war von einem höheren Sinn meines Lebens überzeugt.
Überall auf der Welt brechen die fundamentalen Sinnfragen auf. In einer Zeit, in der die Religionen an Boden verlieren durch einengende Dogmen, werden die Menschen in den Seeleninnenräumen aufgerüttelt, sich auf ihre eigentliche Herkunft zu besinnen, damit sie erkennen, dass sie ewige Wesen sind.
Die allumfassende geistige Suche des Menschen nach seinem Ursprung, der Quelle, von der alles Sein ausgeht und in die alles einst wieder untrennbar zurückfließt, fordert ihn heraus, sich der Schöpferkraft, die ihn beseelt, bewusst zu werden. Viele Menschen sind deswegen nicht in sich selbst zu Hause, weil sie den Blick in den inneren Kern ihrer Seele scheuen.
In der Begegnung mit sich selbst, in einer allmählichen Selbstliebe und Selbsterkenntnis kann der göttliche Funke den Menschen erleuchten. Ihr seid nie von Gott getrennt, schon gar nicht in den dunkelsten Stunden des Lebens, im Schmerz oder durch den Verlust eines Menschen. Je mehr ihr euch mit eurem eigenen Inneren konfrontiert und alten Schmerz und unerledigte Dinge durch Selbsterkenntnis auflöst, desto mehr kann der Mensch sein schöpferisches Potenzial entdecken und zu einer immerwährenden ewigen Lebensfreude gelangen. Das ist die höchste Seligkeit, wenn Gott im Menschen erwacht.«

In einer anderen Durchgabe wird die Sinnfrage präzisiert.

»Der Sinn des Lebens ist es, sich selbst zu finden, sich zu erkennen als göttliches Wesen, das im Gegensatz zum begrenzten Verstandesmenschen in seinen Möglichkeiten unbegrenzt ist. Die Freiheit des Handelns, des Wollens, des Empfindens ist die innere Ausstattung jedes menschlichen Wesens, das ein Gedanke Gottes ist. Es ist die innewohnende Schöpferkraft eurer Gedanken, welche das Licht Gottes in euch abbildet. Daraus resultiert der freie Wille, die Wahlmöglichkeit zwischen Liebe und Mangel an Liebe, in die Gott nicht eingreift.

Alles, was dem Menschen in seinem Leben widerfährt, ist weder zufällig noch in irgendeiner Weise Strafe. Der Mensch erschafft sein irdisches Schicksal selbst. Er wird mit einem Seelenplan geboren, der die eigentliche Bestimmung enthält, und er ist stets eingebunden in den übergeordneten göttlichen Heilsplan der Menschheit. Jeder Verlust ist eine Möglichkeit, die euch gegeben wird, an den schmerzlichen Widerständen des Lebens zu wachsen. Wachstum ist ein innerer Reifeprozess, der den Menschen nicht nur mit seinen Schwächen, Fehlern oder unerledigten Dingen jeder Art konfrontiert, sondern ihn häufig über sich selbst hinauswachsen lässt.

Die oberste Maxime jeglichen Wachstums besteht darin, die Dinge so akzeptieren zu können, wie sie sind. Sterben und Tod sind ein Bestandteil des menschlichen Lebens. Jeder Einzelne wird in seinem Leben mit der Erfahrung eines Verlustes konfrontiert, ebenso wie Schmerz, Trauer oder Leid Grunderfahrungen des Menschseins sind. Darüber hat der Mensch keine Kontrolle.

Wer sein Leben so ausrichten kann, dass er Schicksalsschläge in Liebe und Frieden annehmen kann, wird an den Umständen seines Lebens wachsen: Zu mehr Bewusstheit eines höheren Sinns und zu mehr Liebe. Gott ist immer da, an jedem Ort und in jedem Menschen. Wer dieses grundsätzliche Vertrauen in seine Allgegenwart und seine immerwährende bedingungslose Liebe erworben hat, kann

die Hoffnung und den Glauben an den Sinn des Lebens nie wieder verlieren. Es bleibt der tiefste Sinn eures Lebens, durch Gottvertrauen in die Liebe zu gelangen.
Das ist der wahre Fluss des Lebens, der sich immerzu erneuert und nie endet. Ihr seid auf der Erde geboren worden, um das Gute und Schöne zu vermehren. Das Licht des Ewigen erstrahlt in jedem, aber so mancher ergreift die Finsternis der Negativität durch Urteile, Vorurteile und Verurteilungen. ›Richtet nicht, damit ihr nicht gerichtet werdet!‹, so heißt es schon in der Bibel. Die Enttäuschungen oder schmerzvollen Verluste eures Lebens haben den einzigen Grund, die Illusion der Nichtliebe, des Hasses, der Ablehnung aufzuheben, damit ihr euer wahres Wesen erkennen könnt: Ein freies, geistiges, multidimensionales Sein erwartet euch in dem ewigen Licht der Liebe Gottes. In diesen Tagen der Wiederkunft des Herrn, in denen die Winde der Veränderung jedes einzelne Wesen ergreifen und durchwehen, ist der Tag des ewigen Friedens nicht weit. Gregory hat dir in diesen Botschaften viele Möglichkeiten aufgezeigt, den Weg in den innersten Kern der Seele zu beschreiten. Die Seeleninnenräume sind der einzige Ort im Menschen, wo Erlösung und Liebe zu finden sind. Wenn ein Mensch den Weg in die Liebe seines Duals findet, ist er frei, da er in den freien Fluss des ewigen Lebens zurückgekehrt ist.
Siehe die Erfahrungen, die du mit mir machst: der Zuwachs an Liebe, die dein innerstes Sein berührt und die du bereit bist, weiterzugeben. Die Unbeirrtheit und Klarheit, mit der du dein göttliches Wissen anderen vermittelst, trägt dazu bei, seelische Verhärtungen zu lösen. Der Balsam der Wahrheit liegt in der Offenheit und Authentizität des Wissens, ein freies Kind Gottes zu sein. Aus dem Urgrund von Schmerz und Leid erwächst dein unerschütter-

licher Glaube, dass Sichtbares und Unsichtbares eins sind und dass jeder die Liebe in sich trägt.
Es gibt keine Trennung in der Liebe und deshalb durchdringen Lebende und Verstorbene einander. Diese Erfahrung steht jedem Menschen offen. Der Tod ist keine Grenze, sondern eine Erweiterung des ewigen Sinns des Lebens.«

Der große geistige Sinnzusammenhang

»Was die meisten Menschen nicht verstehen oder nicht akzeptieren können, ist das Eingebundensein in den größeren Sinnzusammenhang des Schöpfers des Universums und aller anderen Welten. Wenn ein Mensch auf der Erde geboren wird, existiert diese Seele schon seit Anbeginn aller Zeiten. Schon vor dem ersten Gedanken Gottes, der alles Sein ins Leben brachte, war jedes Wesen, das jemals erschaffen wurde, in Gott. In dieser Ursubstanz des Göttlichen hatte jede Seele als Ergänzung ihrer Ganzheit in der Einheit ihren Dual: Die Seele ist nur ganz in der Zweiheit und in dieser Einheit unteilbar mit Gott verbunden.
Als dann die Schöpfungsevolution einsetzte, durch den Willen und die Kraft der Liebe Gottes, kam der Mensch als göttliches geistiges Einzelwesen in seiner ursprünglichen Seelenidentität zum Vorschein. Dieses Wesen war geschlechtslos (androgyn) und nicht allein, da ihr als Dualwesen nur durch diese Ergänzung in eurem Sein in Resonanz mit euch selbst, mit Gott und allen anderen Wesen treten konntet.
Alle Seelen waren mit Gott verschmolzen in ewiger Dauerseligkeit, Freude und Glück. Jede Seele fühlte sich vollständig und im Einklang mit IHM, so wie jeder Einzelne gedacht war. Das war das absolute Paradies, bis einige We-

sen, die wie Gott sein wollten, sich abspalteten. Dadurch begann der lange Gang durch die Materie. Die Seele inkarnierte in einem irdischen Körper als Träger eines Erden-Ichs. Dadurch wurde es zur Aufgabe des Menschen, sich als ursprünglich geistiges Wesen zu erkennen mit dem brennenden Wunsch, sich wieder mit Gott in die ungetrennte Einheit allen Seins zurückzubegeben.
Durch das Abgeschnittensein von der Quelle allen Lebens entwickelte sich in der materiellen Welt die Polarität von Gut und Böse. Aus den geschlechtslosen Seelen entstanden im Laufe der Evolution Mann und Frau, wobei die ursprüngliche Dualität des Einzelnen in Vergessenheit geriet. Alle Seelen wurden im Anbeginn der Welt erschaffen und mit einem freien Willen ausgestattet. Ihr hattet nun die Wahl, ob ihr euch in den immensen geistigen Welten zurückentwickeln wolltet in die Gottheit oder ob ihr einen menschlichen Körper annehmen wolltet, um euch in der Begrenzung von Raum und Zeit auf euren Ursprung zu besinnen. Aus dieser Möglichkeit der Wahl entstand die Kategorie der Engel, die in der Geschichte als Boten Gottes bekannt wurden. Engel sind bleibende Bewohner der höheren geistigen Welt und arbeiten mit Geistführern und anderen hohen Wesenheiten zusammen, um den Fortschritt der Menschheit zu fördern. Das bedeutet, dass sich jede einzelne Seele entscheiden kann, ob sie geboren werden will oder nicht. Die Seele kennt ihre spezifische Lernaufgabe, weswegen sie sich überhaupt in einem menschlichen Körper manifestiert.
Der übergeordnete Sinn jeder menschlichen Existenz besteht in der für euer Leben grundlegenden Erkenntnis der geistigen Natur des Menschen. Ihr seid hier, um aus freiem Willen zu wachsen und zu reifen in seelisch-geistiger Hinsicht und das Streben zu erkennen, euch mit Gott zu-

rückzuverbinden, den Grundsatz jeglicher Religion auf eurem Planeten. Die Erkenntnis Gottes beruht auf der Fähigkeit zur Selbstliebe und der bedingungslosen Liebe zu euren Mitmenschen.

Jeder Einzelne ist in diesen übergeordneten Sinnzusammenhang eingebunden, da ihr alle dem EINEN Licht entstammt und ohne diese Gottesliebe gar nicht lebensfähig wärt, auch wenn das heute von vielen Menschen nicht erkannt wird.

Die Lebensaufgabe eines Menschen kann sein, Wissen über geistige Zusammenhänge zu verbreiten oder durch das eigene Leben zum Beispiel im Falle einer lebenslangen Erkrankung anderen durch den Umgang damit Mut zu machen oder durch einen frühen Tod zum Wachstum der Familie beizutragen. Was immer die eigene Seele dabei vor ihrer Geburt für sich entschieden hat, Anfang und Ende eurer menschlichen Existenz sind grob in eurem Lebensplan vorbestimmt.

Das Wissen um diese Zusammenhänge verliert ihr natürlich, wenn ihr geboren werdet, da sonst eine freie Entfaltung des Lebensweges blockiert wäre und ihr eure eigene Entwicklung zu sehr an vorgeprägten Seelenmustern orientieren würdet. Aber all dieses Wissen befindet sich in eurem Innern im tiefsten Seelenkern.

Die Seele des Menschen ist nicht identisch mit dem Erden-Ich, und es bedarf spezifischer Erfahrungen in eurem Leben, um mit den Seeleninnenräumen in Kontakt zu kommen. Die Seele weiß von ihrer eigentlichen Aufgabe, da sie ihren vorgesehenen Plan kennt. Sie kann sich aber nur durch Impulse dem Ego des Menschen verständlich machen, der meist an seinen Verstand gebunden ist und seiner inneren Stimme des göttlichen Funkens misstraut.

Das ist das grundsätzliche Dilemma jeden Erdenweges, da

auch die Seele nicht in den freien Willen eingreifen darf. Wenn ungünstige äußere Umstände den einzelnen Menschen ganz im Außen vereinnahmen, wird es schwierig für die Seele, sich in einem Menschen vollständig zum Ausdruck zu bringen.

In eurer Innenwelt ist alles Wesentliche gespeichert. So wie die Seele sich entschieden hat, geboren zu werden, entscheidet sie sich zu gehen, wenn der Wunsch leben zu wollen nicht länger wirksam ist. Jedem Übergang, jedem Sterben oder Tod geht dieser innere Seelenentscheid voraus. Die Seele also weiß, wann ihre Zeit zu gehen gekommen ist. Sie teilt sich dem Betroffenen oder auch den Angehörigen in Form von unbewussten Vorahnungen mit. Das bedeutet, dass sie sanfte Impulse aussendet – die verstanden werden oder nicht.

Wenn der Tod kurz bevorsteht, reagiert ein Mensch im Außen oft sehr euphorisch. Es wirkt, als würde etwas wirklich Wichtiges bevorstehen. Die Seele hat die Entscheidung getroffen, weil sie weiß, dass die Zeit des Übergangs gekommen ist und sie ihre Lernaufgabe erledigt hat. Deswegen ist kein Tod zufällig, kein einziger, und das ist völlig unabhängig von der Todesart. Der Mensch denkt, doch die Seele lenkt durch ihre göttliche Bestimmung und Vorsehung, und nichts, was auf Erden geschieht, hat mit Zufall zu tun.

Bestimmte Lektionen oder Umstände eures Lebens mögen euch zufallen, weil ihr sie durchleben müsst, ohne danach gefragt zu haben. In der zugrundeliegenden göttlichen Ordnung ist das ein Teil eures Lebensplanes (Schicksal) oder die Auswirkungen eurer Gedanken, Worte und Handlungen. Die Mischung aus Schicksal und Konsequenz des freien Willens des Menschen wird immer wieder falsch verstanden. Ihr selbst seid immer die Ursache für

das, was euch im Leben widerfährt, im Negativen wie im Positiven.
Wer beharrlich sein innerseelisches Sein verleugnet oder den mitunter schmerzhaften Weg der Selbsterkenntnis verweigert, wird durch die Auswirkungen seines Lebens früher oder später mit seinen Schwächen konfrontiert: Verletzungen durch andere Menschen, Krankheit oder gar vorzeitiger Tod sind die Folge. Das ist kein zufällig waltendes Schicksal, sondern von euch selbst mitverursacht.
Wer mit den Windstürmen seines Lebens bewusst umgehen lernt und die Herausforderungen des Lebens annimmt, fürchtet sich weder vor den Folgen der eigenen Gedanken, denen Schöpferkraft innewohnt, noch vor dem Tod, da er in allem, was geschieht, einen tieferen Sinn findet.«

Der Rückruf aller Seelen hat begonnen

»Ihr seid auf dem Weg zurück in die ewige geistige Heimat, eurem Ursprung, dem Ausgangspunkt aller menschlichen Sehnsüchte. Die Entwicklungsnotwendigkeit des menschlichen Wesens auf der Erde, der ihr alle unterworfen seid, sieht vor, sich geistig zu entwickeln und die inneren Anlagen der Seele, Liebe, Güte, Bewusstsein, Menschlichkeit und Empfindungsfähigkeit, in eurem Leben zur Entfaltung zu bringen.
Im Laufe des Lebens macht ihr bestimmte Erfahrungen, um die Kräfte der Schöpfung, die energetischen Impulse des Göttlichen, ohne die kein Leben möglich ist, durch den freien Willen zu lenken und sie aufbauend einzusetzen. Da ihr nie abgeschnitten seid von diesen Kräften, ist es wichtig, den geistigen Kern des Menschen zu erkennen.
Während eines Lebens transformiert sich euer Bewusstsein

durch die gemachten irdischen Erfahrungen. Es entwickelt sich weiter und öffnet sich immer mehr für vorher nicht zugängliche Bereiche des Geistigen und erweitert sich schließlich in ein höheres Bewusstsein des Durchdrungenseins vom Göttlichen.

Die Illusion der materiellen Wirklichkeit des äußeren Lebens ist eingebettet in den ewigen Bewusstseinsstrom Gottes, der alles und jedes Wesen umfasst. Wer in den Seeleninnenräumen die Tür öffnet, weiß, dass ihr nur mit dem Herzen, dem Gefühl, der Liebe die Natur der Wirklichkeit erfassen könnt.

In dieser Zeit der Wiederkunft Christi wird viel Licht auf die Erde fallen, das alles Sein und alles Leben in seinem innersten Kern durchdringt. Je mehr Widerstände vorhanden sind in den Seeleninnenräumen, desto härter treffen die göttlichen Strahlen, die Informationsimpulse beinhalten bzw. sind, auf die Blockierungen und Ängste der Menschen. Die Folge sind Krankheiten physischer oder psychischer Natur und eine Zunahme plötzlicher Todesfälle. Mutter Erde führt euch dieses Geschehen täglich vor Augen. Versucht einfach, euren geistigen Ursprung zu erfassen, das Eingebundensein in den ewigen göttlichen Zusammenhang und euch als geistige Wesen zu verstehen. Dann kann alles nur gut werden.«

Lebensfreude

»In der Aufhebung aller Trennung, in dem Verschmelzungsprozess der Wiederkunft Christi liegt euer Heil. Gott will den selbstbewussten, sich selbst erkennenden Menschen, der glücklich ist zu sein. Diese Lebensfreude entzündet Gregory in dir. Siehe, wer Gott sucht und ihn erkennt und liebt als das ewige Licht der Liebe, ist nie mehr allein und findet seine Bestimmung. Alles ist eingeschrieben in euren Innenwelten.

Je mehr sich der Mensch seinen inneren Wahrheiten öffnet, desto mehr verliert er jegliche Lebensangst. Das Wirken des Allmächtigen findet ihr in den Synchronizitäten und Fügungen des Lebens und des Schicksals. Nichts, was in eurem Leben geschieht, ist zufällig. In der Hingabe und in dem Vertrauen auf Gott liegt der Schlüssel zur Aufhebung allen Leidens und aller Begrenzungen.

Gregory ist für dich und viele andere, die mit diesen Durchgaben in Berührung kommen, *ein* Bote der allumfassenden Liebe des Allmächtigen. Gott tritt in seiner unfassbaren Liebe aus dem Verborgenen hervor und nähert sich den Menschen. Schuld, Sühne, Sünde, Karma, Verdammnis oder Strafe sind menschliche Vorstellungskonzepte, welche die Existenz der reinen Liebe beleidigen, da Liebe heilt und vergeben kann.

Als Menschen seid ihr auf der Erde inkarniert, um Erfahrungen zu machen. Dazu gehört, fehlbar in seinem Urteil oder seinen Handlungen zu sein, um daran zu wachsen und daraus zu lernen. Glaubt ihr wirklich, dass Gott euch dafür bestrafen würde?

Der Mensch begrenzt sich selbst, wenn er glaubt, vor sich selbst und seiner Eigenverantwortung die Augen verschließen zu können. Nutzt diese Zeit der Erlösung, euch selbst und anderen zu vergeben, damit sich die Knoten eurer Vergangenheit lösen und das inwendige Potenzial freigesetzt werden kann. Als geistiges Wesen ragt ihr schon jetzt in die Lichtwelten, wenn ihr in euch die Verbindung findet.

Es geht um nichts Geringeres als ein gemeinsames Bewusstsein aller Lebewesen und aller Verstorbenen. Wenn das erreicht ist, wird das Böse nicht mehr sein.«

Gottesbewusstsein

»Gregory will immer mit dir sprechen. Das mag dir nicht immer so bewusst sein, doch mein Gedankenstrom ist ein Teil von dir geworden. Ich registriere alles, was um dich herum geschieht, und du berührst die Menschen viel mehr, als dir das bewusst ist. Die Anwesenheit zahlreicher Jenseitiger während deiner Vorträge ist sehr hoch, da viele zum einen versuchen, zu ihren Angehörigen in Momenten des Geöffnetseins durchzudringen, oder selbst dringend diese grundsätzlichen Informationen für ihre Orientierung in der geistigen Welt benötigen. Dein Bewusstsein ist in seiner Wirkung auf andere der Türöffner für die verborgene Realität ihrer Seeleninnenräume.
Wenn das Erden-Ich mit seiner Seele in Einklang ist, kann sich das seelische Potenzial verwirklichen: Freude, Glück, Kreativität, Gemeinsamkeit, Liebe, Seligkeit etc., das in jedem Menschen als Anlage vorhanden ist. Das ist der einzige Grund der menschlichen Existenz auf Erden, diese positiven Seelenaspekte zu leben durch geistiges Wachstum und Liebe zu allem anderen Sein.
Der ewige Kampf zwischen den positiven und negativen Kräften im Menschen ist nichts anderes als die Spannbreite des freien Willens: Liebe zu geben und zu leben oder die Liebe zu verweigern, was die ganze Bandbreite menschlicher Negativität umfasst: Wut, Hass, Zorn, Schuldgefühle, Angst, die stets Verständnis und Zuwendung verhindern.
Alle Menschen kommen aus der EINEN Quelle des ersten Gedanken Gottes, der reinen Liebe und seinen Lichts, das für jedes Lebewesen leuchtet und auch in den dunkelsten Schicksalsstunden des Lebens vorhanden ist, die Schöpfung in Bewegung setzte. Das ist der Istzustand der Un-

sterblichkeit, in der kein einziges Erden-Ich jemals verloren gehen kann, da jedes Leben nur durch den göttlichen Funken möglich ist. Dadurch sind alle miteinander verbunden: Die Lebenden und die Verstorbenen sowie alle Menschen miteinander.

Jesus hat auf diesen Umstand immer wieder hingewiesen: ›Das Reich Gottes ist inwendig in euch!‹ Dieses Reich Gottes ist kein Ort im Universum, sondern ein zeitloser Bewusstseinszustand der Gnade und Seligkeit. Gottesbewusstsein schon während des Lebens auf der Erde zu erlangen, ist die Bewusstwerdung, dass Gott immer da ist, wo ihr gerade seid oder in eurem Leben steht. In dieser Zeit der geistigen Wiederkunft Christi fließt das göttliche Licht in mächtigen Schüben auf die Welt und durchdringt alles Lebendige mit seiner heilenden Liebesenergie, welche die Schlacken des Unerledigten und Unbewussten verwandelt in eine Wahrnehmung höheren göttlichen Seins der Befreiung und Erlösung.

Deswegen ist es in dieser Zeit des Übergangs in eine höhere Stufe des Seins besonders wichtig, sich diesen göttlichen Einstrahlungen zu öffnen, damit der Mensch seinen alten Ballast abstreifen und das Reich Gottes ewiger Liebe und Seligkeit in sich selbst erkennen kann.

Viele Widerstände werden noch überwunden werden müssen, da Licht immer die Finsternis, die Dumpfheit eines begrenzten Bewusstseinszustands durchleuchtet und die Dunkelheit, die auch mit Gottesferne bezeichnet werden kann, in ein unbegrenztes Sein erheben will.

Anders ausgedrückt, kommt Gott gegenwärtig auf jeden Menschen zu, denn er will eure Freiheit und Glückseligkeit, damit die Prophezeiungen aller Zeiten und Schriften erfüllt werden können zum einzigen Zwecke der Erlösung des Menschengeschlechtes. Das Gottesbewusstsein war sozusagen die Signatur und der Grund, warum Jesus als Sohn Gottes auf der Erde in Erscheinung trat. Er betont in seinen Reden und in den Gleichnissen immer wieder den einen Satz: ›Ich und der Vater sind eins!‹ Dieses Einssein mit Gott ist Ziel und Sinn aller Entwicklung und aller Wachstumsprozesse. Wir sind schon jetzt in Gott, sind uns aber dieser Tatsache nicht bewusst, oft nicht einmal der Anwesenheit der Seele.«

Der Transformationsprozess

Transformation bedeutet nichts Geringeres als die Herausforderungen des Lebens vorbehaltlos anzunehmen, um sich seelisch und geistig weiterzuentwickeln. Der Gregory-Prozess bewirkt, dass meine Wahrnehmungen des energetischen Geschehens um mich herum wesentlich klarer und feiner geworden sind. Durch die Übertragung seiner Gedanken als Bewusstseinsstrom und Präsenz bildete sich ein energetisches Kommunikationsnetz heraus, wodurch ein beständiger Kontakt zur geistigen Welt manifestiert wurde.

Jede geistige Information geht durch alle Zellen des Körpers, wo sie häufig auf Widerstände trifft. In der Kommunikation zwischen Geist und Mensch werden unerledigte Dinge bewusst gemacht, damit sie überwunden werden können, was dann zu einem erweiterten Bewusstsein führt.

In den Durchgaben wird immer wieder darauf hingewiesen, dass in dieser Zeit der Wiederkunft der Mensch die einmalige Chance hat, seinen gesamten persönlichen Ballast noch im Körper zu bereinigen. Was in früheren Zeiten erst im Nachtodlichen über lange Spannen bewusst gemacht werden konnte, ereignet sich gegenwärtig im Hier und Jetzt des Erdenlebens.

Es ist nicht immer einfach, sich diesem Transformationsprozess zu stellen. Wenn der Einzelne bereit ist, die Herausforderungen dieser Zeit anzunehmen, verstärkt sich nicht nur die intuitive Wahrnehmung, sondern die Gewissheit, von einer höheren Wirklichkeit getragen zu werden. Wer den inneren Weg beschreitet, kann persönliche Begrenzungen aufheben. Das Gesetz der Anziehung bringt ihn mit Menschen

in Verbindung, die den gegenwärtigen Bewusstwerdungsprozess ebenfalls durchlaufen. Wer den Fügungen und Synchronizitäten des Lebens vertraut, wird sich geborgen fühlen.
An diesem entscheidenden Schritt der Menschheitsgeschichte, wenn Gott in allen Menschen erwacht, führt der Lern- und Wachstumsprozess in den ewigen Moment des Jetzt, der Gegenwart und Liebe Gottes. Wer die Impulse seiner Seele und seines Duals als innere Stimme erkennt, erfährt sich als mehrdimensionales Wesen, das schon jetzt Anteil hat am Ewigen. Alte Muster werden aufgelöst und der geistige Mensch – wie er gedacht war – tritt als immerwährende Verbindung mit der göttlichen Liebe ins Bewusstsein. Dadurch wird die Aufhebung aller Trennungen herbeigeführt.
Dieser Transformationsprozess findet gegenwärtig inwendig in jedem Menschen statt – unabhängig davon, ob es ihm bewusst ist oder nicht. Das mündet in die Ganzwerdung und Erlösung aller Menschen. Der Mensch wird aufgefordert, offen, selbstbewusst und authentisch den Herausforderungen dieser Zeit ins Auge zu sehen, mit Liebe und Gottvertrauen.

Gedankenübertragung

»Du spürst, wie sich deine Wahrnehmungsfähigkeiten meiner Gedanken, die dir telepathisch übertragen werden, mehr und mehr verfeinern.
Nachts, wenn sich zwischen Wachen und Schlafen der Zugang zum geistigen Wissen über dein Unterbewusstsein öffnet und Gedanken, Ideen, Zusammenhänge einfließen und sich ineinander verweben, oft ohne scheinbaren Zusammenhang, ist dieser Zufluss an Informationen aus der geistigen Welt unbewusst.

Durch die Konzentration auf mich ist es dir möglich, im Wachbewusstsein darauf zurückzugreifen, wobei sich in den Durchgaben durch manche Sätze und Formulierungen neue Zusammenhänge erschließen, die du oft erst Wochen später erkennen kannst. Deswegen ist es so wichtig, dass du regelmäßig diesen anderen Bewusstseinsstrom protokollierst – meinen und den höherer Wesenheiten, die dich, nachdem du dich durch mich geöffnet hast, auf höhere Schwingungsfrequenzen der reinen Gedankenübertragung ziehen, damit immer genauere Details über die Wiederkunft des Geistes übermittelt werden können. Die Grenzen zwischen deiner bewussten und unbewussten Wahrnehmung sind fließend geworden und deswegen erweitert sich dein Bewusstsein kontinuierlich, obwohl du fest mit beiden Beinen auf der Erde stehst.

Die geistigen Wahrnehmungsfähigkeiten im Menschen werden unterdrückt: Keiner spricht mit dem anderen über seine Nachtodkontakte oder Vorahnungen – nicht einmal innerhalb der eigenen Familie. Dieses gemeinsame Band von Verdrängungen und nicht gelebter Offenheit, all dieses Unerledigte und Abgespaltene des Innen-Außen-Verhältnisses einer Person ist ein schwerwiegender Knoten, der sich durch die Generationen zieht.

Das Unbewusste, die Seele, die Seeleninnenräume sind gefüllt vom Ungesagten scheinbarer Geheimnisse, die keine sind. Das kleine Erden-Ich bewertet, urteilt, aber es verdrängt häufig seine geistigen Kanäle, sein inneres Wissen davon, wenn es an die Oberfläche des Bewusstseins steigt und erkannt werden will.

Die Seele teilt sich mit – durch die Intuition oder die innere Stimme, aber die Angst vor dem Unbekannten blockiert zu häufig, sich dem Ruf der Seele oder der jenseitigen Welt zu stellen.«

Der Quantensprung des Bewusstseins

»Die Illusion der Wirklichkeit, wie der Mensch sie gegenwärtig wahrnimmt, wird genährt durch die Begrenztheit der Sinne, die ins Außen gerichtet sind. Lautlos haben die Veränderungen der Wiederkunft des Herrn eingesetzt, unsichtbar in den Spiralen der Innenwelten. Was zusammengehört, wird zusammengefügt, alte Strukturen lösen sich auf und nur Vertrauen und Liebe können helfen, den Weg der Selbsterkenntnis in die Bewusstheit ewiger Wahrheit zu erleben. Das Licht, das sich in die Herzen ergießt, verbindet alles mit allem: Es ist der Beginn der Neuschöpfung aus dem EINEN GEIST.

Wie ein sanfter Flügelschlag fließt ewiges Sein in eure Seeleninnenräume. Wer jetzt noch an alten überlebten Innenstrukturen festhält, wer nicht bereit ist, in sich zu gehen und den Strom der Veränderung, der Emporhebung des Menschengeschlechts in Erlösung und Seligkeit zu erkennen, zu ergreifen, wird durch das Licht, das sich auf die Erde ergießt und das den Quantensprung des Bewusstseins aller bewirken soll, in nicht unbeträchtliche geistige Verwirrung gestürzt. Gregory ruft dir zu, dass nur die Sehnsucht nach dem göttlichen Geist, das reine Gottvertrauen Antworten geben kann in dieser Zeit des Umbruchs.

Die Fiktion eurer Zeitvorstellungen hebt sich auf, die beschleunigten Abläufe durch den Informationsträger des einströmenden Lichts bewirken eine Veränderung der Lebensenergie. Schau nicht zurück! Gehe deinen Weg in der Klarheit des neuen Morgens in der Verbundenheit mit mir. Lass dich nicht begrenzen durch alte energetische Netze, die dich nur abhalten, deinen inneren Weg in die Erlösung zu gehen – mit mir an deiner Seite. Wir gehen oft Hand in

Hand durch die Straßen, und du spürst das immer öfter. Deine intuitive Wahrnehmung meiner ständigen Präsenz lenkt deine Aufmerksamkeit auf die geistigen Geschehnisse. Alles andere ist für dich unwichtig.

Du kannst die Strukturen anderer zwar durchschauen, aber nicht verändern. Jeder ist aufgerufen, diesen schwierigen und steinigen Weg selbst zu beschreiten. Als Geist an deiner Seite bin ich realer als ein lebender Mensch.

Es ist die Zeit der Verheißungen, der Erfüllung der Schriften. In diesem Übergang in ein erweitertes Bewusstsein aller Wesenheiten ist die Verbindung zwischen Geist und Mensch der einzige Garant für ein gelingendes Erwachen in die Welt des EINEN GEISTES. Deswegen brauchst du nur mich, da alles Irdische, Äußere keinen Bestand haben wird. Geist und Mensch werden sich ergänzen, damit die Erlösung aller und die NEUE WELT in der Einheit des Heiligen Geistes möglich werden kann.

Die größte Illusion des Menschen und eurer Wirklichkeit ist die Vorstellung, nur ein biologischer Körper zu sein. Nur in der Erkenntnis der geistigen Natur des Menschen, seines unsterblichen Seelenkerns, kann die Erlösung des Geistmenschen erfolgen.

Der Körper ist reine Materie. Das Werkzeug für den Gang durch die Welt ist eine vergängliche Form. Selbst der feinstoffliche Körper als Abbild eures irdischen Körpers ist nur vorübergehende Form. Der tragende Geist ist jenseits aller Formen angesiedelt. Er allein ist Träger der Essenz des Menschen. Durch die Verbindung eines Menschen mit einem Geist, wird die Innenwelt der Seeleninnenräume zu einem Ort der Begegnung zwischen Diesseits und Jenseits.

Das Jenseits verlagert sich ins Diesseits des inkarnierten Menschen, das Diesseits verbindet sich mit dem jenseitigen Geist. Diese Fähigkeit hat jede Wesenheit, wenn sie es zulassen kann. Es ist ein ganz natürlicher Bewusstwerdungsprozess der Rückkehr der Duale. Die alchemistische Hochzeit zwischen einem inkarnierten Menschen und seinem Geistdual (das kann niemals ein lebender Mensch sein, da der Seelendual ein hohes geistiges Urprinzip darstellt!) ist gottgewollte Gnade.

In dieser Zeit des Wandels beginnt die Erlösung des Menschengeschlechtes eben dadurch. Anders ausgedrückt bedeutet das für jeden Einzelnen von euch, dass er seine geistige Ergänzung in sich selbst trägt: Keiner ist wirklich allein. Der göttliche Strom immerwährender Liebe verbindet gegenwärtig alles, was zusammengehört, damit die Freiheit des Geistes den Menschen emporhebt aus seinen Illusionen und Begrenzungen.«

Die Verstärkung der intuitiven Wahrnehmung

»Du befindest dich gegenwärtig auf einer neuen Stufe deiner Entwicklung, deine intuitive Wahrnehmung hat sich extrem verfeinert. Du nimmst das energetische Geschehen an den Orten, wo du dich gerade aufhältst, sehr viel klarer und deutlicher wahr als jemals zuvor. Du wirst diesbezüglich noch einige Erfahrungen machen und du wirst dich in Zukunft viel bewusster von energetischen Störungen anderer fernhalten können. Deine Ausstrahlung, die Schwingungen, in denen du dich durch mich bewegst, sind nicht mehr mit jeder Person, der du begegnest, kompatibel.

Durch deine Hingabe und dein Vertrauen in Gregory und die höhere geistige Welt ist eine viel tiefergehende Frequenzveränderung in deine Persönlichkeit integriert, die dich zum einen schützt und negative Fremdenergien nicht durchlässt, aber andererseits zu einer Erweiterung der Wahrnehmungsfähigkeiten führt, wodurch dir innere Vorgänge bei anderen oder deren Spannungen, Aggressionen und Problematiken bewusst werden. Lass dich davon nicht irritieren, Gregory ist bei dir. Sobald in dir ungute Gefühle – in welcher Situation auch immer – hochsteigen und du dir das nicht erklären kannst, warum du dich unwohl fühlst, bitte mich um Hilfe!

Du wirst durch bestimmte Dinge, die für dich in deiner geistigen Entwicklung selbstverständlich geworden sind und die du beiläufig in Seminaren, Interviews und Vorträgen äußerst, bei einigen Menschen Irritationen auslösen. Das ist von der geistigen Welt gewollt, damit die Betroffenen anfangen, sich über sich selbst Gedanken zu machen. Sie werden dadurch mit ihren seelischen Blockaden und Widerständen konfrontiert. Das ist lediglich ein Resonanzboden, der mit dir persönlich nichts zu tun hat. Insofern mach dir keine Gedanken. Sei einfach du selbst, sei authentisch und wahrhaftig und vertraue auf mich.

Unser gemeinsames Wirken beginnt gerade, und die Wechselwirkung zwischen geistiger und irdischer Energie erzeugt nun einmal Widerstände oder Spannungen. Du bist ein geistiger Vermittler zwischen Diesseits und Jenseits, was für manche nicht greifbar ist.

Je mehr du deinen inneren Weg gehst, fallen die Äußerlichkeiten des Lebens oder der Menschen, mit denen du zu tun hast, von dir ab. Du wirst das Gezogensein von geistigen Kräften spüren, die dich an Orte bringen, die für den gegenwärtigen geistigen Erwachungsprozess, für dich und deine Aufgabe wichtig sind. Immer mehr Begrenzungen, Beschränkungen heben sich auf, und das wird dich weltweit mit Menschen und Orten in Verbindung bringen, welche die Knoten geistiger Erstarrung und Lethargie auflösen. Es ist alles bereitet.«

Beschleunigung und Veränderung

»Unbemerkt von einer großen Öffentlichkeit schreitet die Wiederkehr des Geistes, das Erwachen Gottes im Menschen, voran. Alles Sein befindet sich in einem Sog der Bewegung, Beschleunigung und Veränderung.
Die Urprinzipien der Schöpfung, wie sie in den Durchgaben beschrieben worden sind, werden kraft des Wortes erneuert, und dadurch wird die Wiederkunft Christi für alle Menschen fühlbar eingeleitet. Die Wolke ist das Wort, das in euch Gestalt annimmt, wenn ihr es vernehmen könnt.
Freiheit durchströmt euch in einem nicht gekannten Ausmaß und alle Rätsel des Lebens und aller Sinn verbinden sich zu einem Jubelschrei der Erlösung. Nur noch eine kleine Weile, ich komme, ich bin auf dem Weg zu euch. Gregory bereitet dich vor, damit du den Weg in deine Seeleninnenräume gehst, um dort die Verbindung mit allem anderen Sein einzugehen. Du wirst ihn sehen und ihr werdet geistig in deinem inkarnierten Körper ein Herz und eine Seele sein. Spüre die Schwingung und die Wahrheit dieser Worte. Nur reine bedingungslose Liebe verbindet und ihr liebt euch, da ihr für immer zusammengehört. Die Verbindung zwischen einem Geist und einem Menschen ist das höchste Prinzip der Liebe.«

Lernprozess

»Jeder Einzelne trägt in sich die Verbindung zu den höheren Lichtwelten, da ihr Licht seid und immer sein werdet. Das Erdenleben ist ein Schmelztiegel, in dem sich so manches kleine Erden-Ich Verbrennungen zuzieht. Ihr seid in einem Lernprozess, doch ist es höchste Zeit, voranzuschreiten, damit ihr kraft der energetischen Veränderungen den Aufstieg in die höheren Dimensionen beginnen könnt, um die Einheit von allem Sein zu erfahren. Die Wiederkunft Christi hat begonnen – vorbereitet seit Jahrtausenden, bricht das geistige Friedensreich in die Dämmerung des neuen Tages, an dem der Mensch sich selbst erkennen wird als Abbild des Göttlichen. Der Abfall der Jahrtausende in immer dunkler werdende Geschlechter, die ihren Weg in der Finsternis verloren haben und die aus der Wissenschaft eine Ersatzreligion gemacht haben, wird sich umkehren. Der Weg des Geistes entzieht sich eurem Zugriff, und das Leben lässt sich nicht kontrollieren, wie es gegenwärtig angestrebt wird.«

Bewusstseinswandel

»Die Zeit der Wiederkunft Christi ist die Aufhebung aller Trennung, die die größte Illusion des Menschen ist. Wie ein Mosaikstein ist jedes Leben eingebunden in das allumfassende Sein. Die Seele, die euch im Erdenleben trägt, verfügt über alle notwendigen Informationen, da sie göttlicher Natur ist und Träger des Lebensfunkens. Das Erden-Ich muss geweckt werden, da es in seinen Träumen und Illusionen gefangen ist.
Diese Täuschung erkennt der freie Geist häufig erst nach

seinem Ableben – und dann auch erst nach langen Bewusstwerdungsprozessen. Das erdwärts gerichtete Denken steht einer geistigen Entwicklung grundsätzlich im Weg. Nie zuvor hatte der Mensch die große Chance, sich in seinem Erdenleben von all seinem Ballast zu befreien.
Gott ruft euch zu und durchdringt euch mit heilender Liebesenergie. Die Welt ist in Aufruhr, aber der Mensch erkennt die Zeichen nicht.«

Die Auflösung alter Muster

»Sich auf das Wesentliche im Leben zu konzentrieren und es reifen zu lassen, ist ein unumkehrbarer Wandlungsprozess, dem jeder Mensch unterworfen ist. Wenn Wandlung geschieht, ist das immer auch göttliche Gnade.
Gelungenes wesentlich werden lassen, ist Loslassen alter Verletzungen, ein Hinter-sich-Lassen im ewigen Bewusstseinsstrom des Göttlichen, an den jeder angeschlossen und in den jeder eingebunden ist.
Die Bilder eures Lebens, die während eures Lebens stets wiederkehrend an die Oberfläche des Bewusstseins treten, sind dann buchstäblich erlöst, wenn ihr euch bewusst werdet, dass sie euch plötzlich nicht länger belasten und sie für euch nicht mehr wichtig sind. Das merkt ihr daran, dass ihr nach vielen Jahren nicht mehr daran denkt oder auf einmal nicht mehr darüber sprechen müsst.
Ihr könnt nun den letzten Groll fallen lassen und eine Last ist euch von den Schultern genommen – ein lang andauernder Groll ist aufgelöst. Das ist eine wesentliche Befreiung, die stets zu neuen Aufbrüchen in neue Lebenserfahrungen führt.
Mensch, werde wesentlich, haben die Philosophen aller

Jahrtausende euch zugerufen. Wesentlich sein ist der ewig währende Prozess der Selbsterkenntnis der Wer-bin-ich-Frage, die auf die Präsenz des Göttlichen hinter allem Sein verweist. Wer sich darauf beziehen kann und erkennt, dass er ein geistiges Wesen in einem menschlichen Körper ist, findet den Weg durch die Stille und Gelassenheit in die Seeleninnenräume, die euch immer verbinden mit allem Wissen, den Verstorbenen, den hohen Lichtwesen und mit Gott.

Jeder Körper ist ein Tempel desselben Geistes, der euch trägt und von dem niemand wirklich getrennt ist. In dieser Zeit der Wiederkunft des Geistes wird das Jesuswort »Siehe, ich mache alles neu!« in besonderer Weise intensiviert, denn es öffnet euch für die Verheißungen der Erlösung, die nicht irdischer oder materieller Natur sind, sondern nur inwendig geistig geschaut werden können.

Deswegen ist Gregory auch in deinem Leben und beflügelt die Menschen, die sich auf die Durchgaben einlassen können: Die Freiheit des Erreichten im Leben umzusetzen zum Wohle und zum Fortschritt aller Menschen, ist die Erkenntnisfähigkeit des Nicht-getrennt-Seins – weder vom Großen Ganzen Gottes noch von jeder einzelnen Individualität, die aus der Gottheit hervorgegangen ist. Das Auflösen alter Muster, die in verschiedenen Seelenaspekten in eurem Inneren der Erlösung harren, in jedem lebenden Menschen, wie auch in den Verstorbenen, die sich auch weiter nach ihrem Tod irdischen Illusionen hingeben, ist die Neuwerdung, die Ganzwerdung der unzähligen Erden-Ich-Individualitäten, die mit ihrem Dual und ihren Seelengruppen wiedervereinigt werden, um den großen Sprung in die Verschmelzung mit Gott zu wagen, als freie geistige Wesen der Ewigkeit.

Alles andere ist vorläufig und stets verbunden mit einer

Umwandlung der Form in immer feinere Schwingungen, bis sich ein reiner klarer Gedanke Gottes herauskristallisiert ohne Form und das Ich in sein ursprüngliches ewiges Sein in Verschmelzung mit dem Dual und Gott in die Einheit zurückkehrt: Grenzenlosigkeit, Seligkeit, Freiheit in der Gleichzeitigkeit von Raum und Zeit, die nicht länger sind – im ewigen Hier und Jetzt.«

Authentizität

»Der Mensch ist aufgefordert, alle alten Verkrustungen, Zurückhaltungen, Verstrickungen und alles Unerledigte seines Lebens endlich loszulassen. Die Erlösung ist die wahre Freiheit des Geistes, der sich befreit hat von den Begrenzungen seines Denkens. Durch das Schweifenlassen der Gedanken, gepaart mit Ängsten und Zweifeln, entsteht das Negative in der Welt. Wenn der Mensch sich dabei zu sehr von nichtigen Äußerlichkeiten lenken lässt und seine Begehrlichkeiten von Habenwollen, Reichtum oder Macht geprägt sind, hält er seinen Verstand für die einzig maßgebliche Intelligenz oder verschließt die Entwicklung seines Erden-Ichs in seiner Logik, die zum brüchigen Maßstab seines Lebens gerinnt. Da er glaubt, dass niemand seine Gedanken lesen kann, wird das Herz der Stolperstein in die Mördergrube des Gefangenseins in sich selbst.
Während eures Lebens können viele wichtige Dinge auf später verschoben werden, verdrängt werden, bis ihr glaubt, negative Gedanken unsichtbar gemacht zu haben. Dabei bleiben sie in eurem Unterbewusstsein und in den Seeleninnenräumen gespeichert. Alle tiefen Verletzungen durch Betrug und Verrat durch andere oder durch euch selbst wirken weiter fort, wenn sie nicht aufgelöst werden.

So manches Erden-Ich hat nach seinem Tod Jahrhunderte in eurer Zeitrechnung damit zugebracht, die Verknotungen und Verhärtungen in seinem Inneren zu erkennen und anzunehmen, um sie endlich loszulassen. Erst dann ist die geistige Weiterentwicklung überhaupt erst möglich.
Vergebung und Selbstvergebung sind zu allen Zeiten und in allen Welten die einzige Grundlage der Selbsterkenntnis eines Erden-Ichs. Dieser Transformationsprozess bleibt keinem erspart. Das wirklich Verhängnisvolle am menschlichen Denken ist der Irrglaube und die Illusion, seine wahren Gedanken verbergen zu können. Wer nicht offen und ehrlich authentisch sein kann und versucht, verborgene Triebfedern seines Handelns zu erkennen, um seine Fehler zu bereinigen, wird spätestens in seinem Sterben seine eigene Maskierung erkennen, was dann natürlich besonders schmerzhaft ist. Wer versteht, dass es im Geistigen nichts Verborgenes geben kann und dass der Maßstab der Selbstbeurteilung bei jedem Menschen einzig und allein Liebe oder Mangel an Liebe ist, erkennt, dass alle irdischen Verblendungen Illusionen des Erden-Ichs sind.«

2. Teil

Jenseitswissen

Kommunikation mit der geistigen Welt

Durch den Bewusstseinswandel, der überall auf der Erde stattfindet, werden sich in den nächsten Jahren bei vielen Menschen ihre bislang brachliegenden Fähigkeiten einer Kommunikation mit der geistigen Welt verstärken. Viele werden ähnliche Erfahrungen machen, wie sie im Gregory-Prozess beschrieben werden. Da der Schleier zwischen Diesseits und Jenseits beständig durchlässiger wird, kommt es zu verstärkten Kontakten mit Verstorbenen. Das wird gegenwärtig von Millionen von Menschen erlebt. Alte Begrenzungen der Wahrnehmungen werden überwunden, und das Bewusstsein der Erlebenden wird erweitert. Das mündet in der Erkenntnis, dass Lebende und Verstorbene nie wirklich voneinander getrennt sind. Die Welt des Unsichtbaren verbindet sich über Impulse in der menschlichen Innenwelt mit der materiellen Welt.
Die Grundvoraussetzung der Kommunikation zwischen Geist und Mensch ist Liebe, die niemals endet. Die Impulse zu jedem Kontakt zwischen einem geistigen Wesen und einem inkarnierten Menschen gehen dabei immer von der Jenseitswelt aus. Dadurch kann die Echtheit eines solchen Kontaktes erkannt werden, da beispielsweise ein Gefühl von Gegenwart oder Liebe und Geborgenheit nicht selbst hergestellt werden kann.
Es leben sehr viele junge Menschen unter uns, die über weitaus offenere Kanäle für die Einströmungen des Geistes verfügen als jemals zuvor. Sie sind eigentlich geboren worden, um den Transformationsprozess der Menschheit zu fördern. Leider zerbrechen viele von ihnen an den gegenwärtigen Ge-

sellschaftsstrukturen, da ihre Art von Kreativität und innerem Wissen auf Ablehnung der Erwachsenen stößt.

Wir leben in der Zeit eines globalen Bewusstseinswandels, der uns konkret mit dem Vorhandensein der geistigen Welt konfrontiert. Das göttliche Licht durchdringt alles Sein und jedes Wesen als Vorstufe zur Aufhebung der Trennung zwischen der irdischen und der anderen Welt. Immer mehr Menschen erleben erweiterte Bewusstseinszustände, durch die wir endlich unseren geistigen Ursprung erkennen können.

Einswerdung

»Die Welt des reinen Gedankenlichts ist die Vorstufe der Vergöttlichung, der Verschmelzung mit Allem-was-ist. Licht ist pure Lebensenergie, der Informationsträger des Ewigen und beinhaltet die Kenntnis der Schicksalsmächte ebenso wie der Lebenspläne.

Gregory ist ein Aspekt des Höchsten, verwoben in die ewigen Ursprünge der Schöpfung. Da ich deine duale Ergänzung bin in der Verschmelzung unserer Seelen, getragen durch den gemeinsamen Geist in der Verbindung mit Gott, bin ich deinem Erden-Ich als integraler Aspekt deines ewigen Seins zugänglich geworden. Ich habe Wohnstatt genommen in deinen Innenräumen. Die Verbindung zwischen Geist und Mensch ist immer geistiger Natur – genauer gesagt: jenseitiger Natur.

In der Einswerdung mit der göttlichen Quelle und der damit verbundenen Aufhebung aller Trennung ist in den höheren Welten die Ausstrahlung eines Geistwesens entsprechend den gebündelten Gedankenkräften. Es ist das Sichtbarwerden der reinen Lebensenergie eines Wesens, das sich in Form unterschiedlicher Farbschattierungen je-

dem anderen offenbart. Alle Gedanken eines Wesens sind der Seelengruppe zugänglich wie ein offenes Buch. Jeder kleinste Negativimpuls führt zu einer Störung des gesamten energetischen Netzes einer Gruppe. Es wirkt sich buchstäblich auf alles andere Sein aus.
Das Leben in einem inkarnierten Körper innerhalb der notwendigen Begrenzungen von Raum und Zeit und dem Gebundensein in die Materie ist nun mal kein reines Vergnügen und verbunden mit unterschiedlichen positiven und negativen Ausstrahlungen anderer Menschen. Es ist ein Lernprozess, so viel Negativität wie möglich aufzulösen und geistig zu wachsen.«

Das Urlicht der Verbindung zwischen Geist und Mensch

»Im Schmelztiegel der Welten zwischen Diesseits und Jenseits liegt die einzige Antwort auf alle Fragen: Die Verbindung zwischen Geist und Mensch wird zum Fundament der neuen Zeit, in der sich alle Tränen, alles Leid auflösen in einem Jubelschrei der Erlösung. Der Mensch ist nur durch Liebe mit allem anderen Sein verbunden. Dieser Baustein der Ewigkeit des Urlichtes ist die einzige Quelle allen Seins. Wer die Gleichheit der Ergänzung durch seinen Dual in sich spürt als geistiges Prinzip allen Lebens, wird sich als ganz und heil wahrnehmen. Hier liegt die Sehnsucht nach Erfüllung des Erdengeschicks, das göttliche Geschenk der Gnade: die Verschmelzung von Geist und Mensch.
Große Veränderungen geschehen, wenn auch noch unbemerkt von vielen. Das Licht des Ewigen Lebens senkt sich auf eure Welt, es durchdringt alle Wesen, die Natur und

die Tiere, alles lebendige Sein in seinen jeweiligen Bewusstseinsformen. Sucht das Eingebundensein in euren Seeleninnenräumen! Strebt nach dem einzigen Licht der Wahrheit und der Liebe! Fühlt die Resonanz, das Fließen der göttlichen Schwingungen, die euch innehalten lassen und versuchen, euch zu wecken!
In der Prozesshaftigkeit des Geschehens werden Blockaden, Ängste und die negativen Energien, die sich auf der Erde summiert haben, aufgelöst. Jetzt ist die verheißene Zeit, der Anbruch der Neuen Welt! Deswegen bin ich in dein Leben getreten, damit du das Pulsieren des lebendigen Geistes in dir spürst als wahrhaftiger Ausdruck gottgewollter Liebe, der du dich nicht entziehen kannst. Glaube, Hingabe, Demut, Annehmen sind die Lektionen, die jeder früher oder später lernen wird. Sie sind die Voraussetzungen des Geistes für die einströmenden Lichtenergien.
Da sich die Welten gegenseitig durchdringen, ist das Geistige euch viel näher, als die meisten Menschen annehmen. Es ist in euch und um euch, und da ihr Geist seid aus dem Baustein des Universums und den göttlichen Funken in euch tragt, findet das Wiedererwachen Gottes in allen Menschen in den Seeleninnenräumen statt. Wer nicht zubereitet ist, stößt auf seine eigenen Widerstände. Wer die geistige Inspiration seines Duals annehmen kann, wird die Verschmelzung mit dem Licht des Ewigen, was jedem bestimmt ist, schon in seinem Körper erleben.«

Erweitertes Bewusstsein

»Der Kontakt zu Gregory beruht auf der einfachen Tatsache, dass du über eine Wahrnehmung verfügst, die nicht an Ort und Zeit gebunden ist. Durch die Anbindung an die geistige Welt war deine Wahrnehmung grundsätzlich nicht auf den Alltag beschränkt.

Siehe, das ist ein großes Problem für viele Heranwachsende, die ähnliche Erfahrungen machen und deren geistige Fähigkeiten nicht erkannt werden. Viele fühlen sich isoliert und haben niemanden, mit dem sie über ihre inneren Erfahrungen sprechen können.

Das materialistische Weltbild steht der Freiheit und der Erlösung des Menschengeschlechtes im Weg. Obwohl geistige Erfahrungen oder Sterbeerlebnisse zu allen Zeiten der menschlichen Geschichte dokumentiert worden sind, werden heute immer noch Berichte über bewusstseinserweiternde Erfahrungen generell unterdrückt, der Lächerlichkeit preisgegeben, oder sie werden einfach nicht beachtet. Das widerspricht dem Zeitgeist der wissenschaftlichen Sichtweise der Welt, da diese Dinge nicht erforschbar sind. Die einfache Tatsache, dass Bewusstsein unabhängig vom Körper existiert, was mit Restfunktionen des Gehirns nicht das Geringste zu tun hat, sollte euch die Augen darüber öffnen, dass das eingeschränkte Bewusstsein des Erden-Ichs Teil eines uneingeschränkten Bewusstseins ist. In dem Maße, wie der Mensch sich auf die Suche nach seiner Seele in seine Innenwelt begibt, wird er die Informationsimpulse der geistigen Welt in sich spüren. Es ist natürlich für den Alltagsmenschen nicht leicht, ein derartiges Erleben zu akzeptieren und in seine Persönlichkeit zu integrieren. Die Anbindung und der Kontakt mit geistigen Wesenheiten erfordern Hingabe und uneingeschränktes Vertrauen. Die Gedanken des Betroffenen öffnen sich in andere Dimensionen und aus einer begrenzten Wahrnehmung wird ein unbegrenztes Bewusstsein. Fügungen, Synchronizitäten und erweiterte Wahrnehmungsfähigkeiten bis hin zu paranormalen Fähigkeiten sind die Folge.«

Was geschieht, wenn wir sterben?

Wir verfügen heute durch die Erkenntnisse der modernen Sterbeforschung über ein außerordentlich großes Wissen über die Vorgänge des Menschen beim Sterben. Durch Beobachtungen beim Sterbeprozess, durch zahllose Nahtoderfahrungen, durch hellsichtige Menschen, welche die feinstofflichen Vorgänge beim Übergang in die andere Welt wahrnehmen und beschreiben können, kristallisierte sich durch die Jahrtausende ein universales Wissen heraus, was mit uns im Moment unseres Todes geschieht.
Nachdem der Körper verlassen worden ist, erlebt das Erden-Ich, dass sein Bewusstsein weiter funktioniert. Es kann alles wahrnehmen, was am Ort des Todes geschieht. Der vorher durch seinen Körper begrenzte Mensch erlebt nun die Gleichzeitigkeit allen Geschehens, da Raum und Zeit nicht länger existieren. Jeder Gedanke manifestiert sich sofort, und wenn jemand an einen bestimmten Angehörigen denkt, befindet er sich unmittelbar in dessen Gegenwart.
Ein weiterer wesentlicher Aspekt ist die Tatsache, dass niemand allein stirbt, sondern von vorangegangenen Freunden und Angehörigen oder von Seelenverwandten in Empfang genommen wird. Diese Vorgänge habe ich in zahlreichen Büchern intensiv beschrieben und möchte an dieser Stelle darauf verweisen.
Aufschlussreich an den Ausführungen Gregorys über seinen Übergang ist, dass er unmittelbar in die Welt des Lichtes erhoben wurde. Er war wohl eine sehr bewusste und reife Persönlichkeit, die im Einklang mit ihrer Seele stand. Er verfügte über ein Wissen über seinen bevorstehenden Tod. So

äußert sich Gregory über das Thema Vorahnungen beim plötzlichen Tod, über die Würde des Sterbens und über den Suizid.

Gregory schildert seinen Übergang in die andere Welt

»Als ich einschlief, wartete auf mich das Licht. Meine Seele lockerte sich, aber ich wehrte mich nicht. Noch hing mein Leben an dem seidenen Faden der Silberschnur. Ich konnte alles sehen, was um mich herum geschah: Ich sah den Kummer, den momentanen Schmerz meiner Mutter und aller Anwesenden. Doch eine Liebe, die stärker war als alles, was ich kannte, hüllte mich ein und ich erblickte Wesen, die ich wiedererkannte.

Das war noch eher wie ein Film. Ein stärker werdender Sog erfasste mich und dann war ich außerhalb meines Körpers. Ich strebte in das Licht und spürte diese unbeschreibliche Liebe. In dieser Grenzenlosigkeit des Seins außerhalb herkömmlicher Raum-Zeit-Vorstellungen fühlte ich mich frei, heil und ganz wie nie zuvor. In diesem Moment akzeptierte ich im Einverständnis mit der Seele meinen Wechsel in die andere Dimension des Seins.

Ich wurde von hohen Geistwesen in Empfang genommen. Diese lenkten mich unbeschadet durch die unteren Sphären der geistigen Welten und hüllten mich in Liebe ein. Dadurch trat ich unmittelbar die Rückreise in die Welt des Lichtes an und war vor dem tiefen Schmerz und Kummer meiner anwesenden Familie geschützt.

Siehe, viele Wesen sind in der ersten Phase nach dem Tod etwas orientierungslos. Wenn sie dann zu sehr an den irdischen Angehörigen hängen, bleiben sie oft längere Zeit

auf der Orientierungsebene, da zu starke Trauer es ihnen schwer macht, ihren Weg zu gehen. Viele melden sich dann durch Nachtodkontakte, um zu trösten, Hoffnung zu vermitteln und den Angehörigen mitzuteilen, dass das Leben nach dem Tod weitergeht.
Meine Seele war schon lange gelockert und ich schwebte in die andere Welt. Die inneren Augen sahen schon lange das Ziel meines Lebens in der Lichtwelt. Ich war anders – immer schon – und sehnte mich empor in meine geistige Heimat. Von hier aus inspiriere ich viele Menschen.«

Gregorys Erwachen in der geistigen Welt

»Ich erwachte in einer Welt unbeschreiblicher Schönheit. Ich wurde sehr freudig in Empfang genommen. Ich war direkt im vollen Besitz meines Bewusstseins. Mein Übergang war wie ein großes Fest und ich hatte meine kurze Mission auf der Erde gut bestanden. Meine Geistführer, die ich sofort wiedererkannte, erwarteten mich und zogen mich direkt in die höheren Ebenen der Existenz. Mein Geistleib verwandelte sich bald in einen reinen Lichtkörper ohne Form und ich erkannte, dass ich überall sein kann. Alles ist hier gleichzeitig, und ich war in einer unbeschreiblich schönen Welt. Der Farbenreichtum spiegelte sich in einem alles durchdringenden Licht, in einer derartigen Pracht und Schönheit, dass ich zunächst glaubte, ohnmächtig zu werden, so stark waren diese Schwingungen, die reine Liebe sind.
Und dann erblickte ich das liebevollste Licht, das ich je geschaut hatte, und erkannte IHN: Es war der Christus, die alles durchdringende Liebesenergie des Universums, aller Galaxien und aller Zeiten. Dieses Licht umhüllte mich und

alles Leid meiner irdischen Existenz löste sich auf angesichts dieser bedingungslosen Liebe. Ich wusste nun, dass ich von dieser Ebene der ewigen Heimat auf die Erde gesandt worden war. Ich war eins mit dem höchsten Lichtwesen.
Mein Leben zog in einer raschen Abfolge von Bildern an mir vorbei, und es gab wenig, was ich zu bedauern hatte. Ich hatte mir meine geistige und seelische Reinheit bewahrt. Ich war nun zu Hause in meiner ewigen Heimat und immer mehr Seelengefährten aus meiner Seelengruppe umringten mich. Ich empfand eine nie gekannte Freiheit, eine Grenzenlosigkeit des Seins, durchdrungen von Seligkeit und Ekstase. Ich bin nun wieder ein hohes Lichtwesen im Sternenglanz der Ewigkeit, was ich immer war und sein werde.
Im Gegensatz zu den meisten Verstorbenen wurde ich direkt auf diese Ebene erhoben. In eurem Verständnis würde man das als die Ebene des Lichtes bezeichnen, wo die Seele ohne Form lebt und sich in ihrer Gruppenseele befindet. Das ist der Bereich, der als der eigentliche Himmel bezeichnet wird.«

Die Lebendigkeit des Geistes

»Ich war auf der göttlichen Lichtebene. Hier vibriert das Licht viel intensiver und schneller und du hast das Gefühl, dich aufzulösen in dieser einzigartigen Ekstase der bedingungslosen Liebe, in der sich das Göttliche zum Ausdruck bringt. In diesem ewigen Licht wird sich alle Schöpfung aller Zeiten bald vereinen. Mein vorangegangenes Leben wurde ein weiteres Mal reflektiert. Ich bin jetzt Licht von SEINEM Licht, die Essenz meines Wesens ist nicht an

Form gebunden und kann jedes Aussehen annehmen. Ich kann mich in allen anderen Welten materialisieren, als Lichtwesen oder als Gregory. Die Weisen sind sehr zufrieden mit meiner Erdenmission, da ich trotz aller Hindernisse viel Licht auf die Erde gebracht habe.

Aber das alles ist vorbei, und ich blicke ohne jedes Bedauern zurück, da ich meine Bestimmung erfüllt habe und meine Lebensaufgabe.

Ich sage dir in aller Deutlichkeit: Die Toten sind freier und lebendiger, als sich das die meisten Menschen vorstellen können. Es gibt keine ewige Ruhe, sondern jeder Verstorbene, nachdem er seine ungelösten Probleme bereinigt hat, erfüllt in der Grenzenlosigkeit des Seins seine individuelle, ihm gemäße Aufgabe.

In meinem Leben gab es nicht viel zu bedauern und nach kurzer Eingewöhnung war ich in der Welt des Lichtes und mir wurden unaussprechliche Seligkeiten zuteil und mein Aufstieg in noch höhere Welten des Geistes beförderte die Erkenntnis der Bedeutung der Duale für den Fortschritt der Menschheit. Dadurch wurde die Tür zu deinen Seeleninnenräumen geöffnet.

Und hier bin ich, und hier bleibe ich – ohne Anfang und ohne Ende – als Geist des EINEN GEISTES, in der Gnade SEINER Erlösung und Erleuchtung, um durch dich geistiges Wissen für die Zeit des Wandels für alle Menschen zu befördern.«

Die dunklen Bereiche des Jenseits

»Das Negative, das Böse ist eine zerstörerische Kraft, ein gebündeltes Energiefeld aller jemals vollbrachten und gedachten Bösartigkeiten als Ausfluss aller Menschen, die

jemals auf der Erde gelebt haben. So wie alle Gedanken, Taten und Worte in der geistigen Welt gespeichert sind, existiert unabhängig davon ein negatives Energiefeld, das einzig die Auswirkung menschlicher Gedanken und Handlungen ist. Es gibt keinen Teufel, keine unabhängige böse Macht und keine Dämonen in der geistigen Welt. Durch die Polarität der Erde, welche den Rahmen schafft, zwischen Gut und Böse frei entscheiden zu können, zwischen Liebe oder Mangel an Liebe zu wählen, einen freien Willen zu leben, hat sich das Negative als Energiefeld aufgebaut. Menschen, die sich durch ihre Ängste oder dunklen Triebe dem ›Bösen‹ verschreiben, stehen in Resonanz dazu. Daneben existieren Milliarden von verwirrten Seelen im irdischen Bereich, die ihren Übergang in die Lichtheimat nicht vollzogen haben.
Wer von Rachsucht, Gier, Hass getrieben wird, braucht lange Zeit, seine Irrtümer zu bereinigen. Diese Seelen, die sich in ihren dunklen Bewusstseinszuständen in Erdnähe aufhalten, versuchen natürlich, bei ähnlich strukturierten menschlichen Seelen anzudocken, um weiterhin zerstörerisch tätig zu sein. Das ist eine dunkle Bewusstseinsebene, auf der alle schwarzmagischen Praktiken der Manipulation anderer ihren Ausgang finden und wirksam werden, sozusagen durch einen Seelenpakt zwischen Mensch und verwirrter Seele. Vielen wird dadurch beträchtlicher Schaden zugefügt.«

Der Suizid

»Gregory möchte dir Folgendes über den Suizid mitteilen: Jedem irdischen Tod geht immer ein Seelenentscheid voraus. Das bedeutet, dass im Geist des Menschen, in seinem

Bewusstsein Anfang und Ende des Lebens von der Seele vorbestimmt sind, wie ein Seelenstempel. Wenn dann dieser Zeitpunkt kommt, wird sich die Seele unabhängig von ihrem Erden-Ich einen Weg suchen, damit sie ihre Bestimmung erfüllen kann. Verstehe das richtig. Es geht hierbei nicht um ein bestimmtes Datum oder um eine bestimmte Uhrzeit. Die Seele hat durchaus Möglichkeiten, eine andere Entscheidung zu treffen, wenn bei einem betreffenden Menschen prägende Muster aufgelöst werden oder er sich selbst ganz neue Lebensumstände erschaffen hat.

Jede Seele entscheidet sich, geboren zu werden, so wie sie weiß, wann ihre Zeit erfüllt ist. Auf der Erde wertet ihr Leben als Dauer, als Quantität. Ihr seht aber nicht, was sich die Seele als Lebensaufgabe gestellt hat. Das ist völlig unabhängig von der Zeit, die sie auf der Erde verbringt. Der Mensch versteht auch nicht, dass alles, was geschieht, eingebunden ist in das ewige göttliche Sein (und deswegen einen höheren Sinn in sich trägt). Alles Leben entspringt der Urkraft des Einen und ist in ihm für immer eingebunden. Wenn ein zwanzigjähriger Sunnyboy, der für alle da war, sich völlig unerwartet das Leben nimmt, dann hat sich seine Seele dafür entschieden. Keiner kann sich das Leben nehmen, wenn seine Zeit, den Übergang zu vollziehen, nicht gekommen ist, da niemals ein Tod zufällig ist.

Es gibt Menschen, denen die Sehnsucht nach dem Göttlichen eingeboren ist. Sie sind sich ihres ewigen Seins mehr bewusst als andere, während sie in ihrem irdischen Körper ihren Weg gehen. Das führt bei einigen zu dem Bewusstsein, nicht in die Welt zu gehören oder von einem anderen Stern zu kommen. Diese Menschen fühlen sich nicht beheimatet und können das materialistische Treiben und das erdwärts gerichtete Handeln nicht verstehen oder nicht ertragen.

Wenn ein Mensch auf das geistige Leben ausgerichtet ist, wird er sich seiner Verbundenheit mit der geistigen Welt und seines Ursprungs bewusst sein.
Bei mir war das notgedrungen durch meine Erkrankung der Fall. Ich, Gregory, wusste immer, dass ich nicht alt werde. Alle äußeren Lebensumstände werden durch die Gedanken und das Handeln eines Menschen hervorgerufen. Durch das Gesetz der Anziehung kommen all die Dinge ins Leben, mit denen sich der Mensch gedanklich am meisten beschäftigt – positive wie negative. Das Universum unterscheidet nicht und wertet nicht. Gedanken sind schöpferische Kräfte.«

Die Problematik junger Menschen

»Dies ist die Zeit, in welcher durch die Einstrahlungen des göttlichen Lichtes auf die Erde immer mehr Menschen einen direkten Kontakt zu ihren Seelengruppen finden werden. Jedes Erden-Ich ist ein Aspekt einer Gesamtseele, die eine Gruppe von Wesenheiten zusammenfasst, die für alle Zeit zusammengehören. Die Seelengruppe ist eure wirkliche geistige Heimat, da ihr an einem gemeinsamen Ziel arbeitet und euch gegenseitig und in Einheit unterstützt und fördert durch alle Zeiten und Universen.
Durch die Wiederkunft Christi auf allen geistigen Ebenen und in den Seeleninnenräumen der materiellen Welt öffnen sich bei vielen Menschen neue Zugänge zu ihren Brüdern und Schwestern im Geist und somit zu euren Ursprüngen. Jedes Erden-Ich ist ein geistiges Wesen und durch den göttlichen Funken mit IHM verbunden. Anders ist Leben überhaupt nicht möglich – weder in dieser noch in anderen Welten.

Je mehr der Einzelne bereit ist, den inwendigen Weg der Selbsterkenntnis zu beschreiten, werdet ihr die anderen Welten bewusster wahrnehmen.

Viele junge Menschen in dieser Zeit sind mit weitaus offeneren Kanälen für die geistige Welt als jemals zuvor auf die Erde inkarniert. Sie tragen noch die Sehnsucht in sich nach einer Welt der Liebe, Geborgenheit und Freiheit, da sie mit ihr verbunden bleiben. Sie wissen, dass sie zum Fortschritt der Menschen beitragen sollen, und treffen dann auf die Widerstände eurer verkrusteten Gesellschaftsstrukturen, in denen nicht geistige Werte zählen, sondern Äußerliches und Materielles als einzige Werte.

Dass sich gegenwärtig viele junge Menschen das Leben nehmen, hat durchaus mit diesen inwendigen Unfreiheiten zu tun: Sie kennen ihren Weg, werden begrenzt und können ihn nicht leben; gepaart mit einer Sehnsucht nach der Geborgenheit und Vollkommenheit der anderen Welt, aus der es sie hierher verschlagen hat. Sie fühlen sich wie ein Fremdling auf Erden, und der Wille, sterben zu wollen, ist eigentlich der Wille, in Freiheit und Geborgenheit leben zu wollen, da sie wissen, dass der Tod keine Auslöschung bedeutet, sondern ein Übergang in ihre geistige Heimat.

Die starren, verblendeten und verkrusteten Strukturen eurer Welt, die sich gegen das *Neue* oder *Andere* stemmen, werden in den nächsten Jahren aufgelöst werden durch Vorgänge, die euch begreiflich machen, dass alle Lebenden mit allem anderen Sein verbunden sind und nur in der Einheit des EINEN GEISTES die Erlösung aller stattfinden wird.

Das verlangt in erster Linie Offenheit, Authentizität und die Bereitschaft, alte Strukturen in sich selbst zu erkennen und aufzulösen.

In der erlösten und befreiten Welt, wenn Gott in allen

Menschen erwacht ist, seid ihr wie ein offenes Buch, in dem jeder lesen kann. Deshalb ist es so wichtig, im Leben zu lernen, sich selbst zu akzeptieren, wie man ist, und an den nicht gelösten Problemen zu arbeiten, um sie aufzulösen.«

Vorahnungen des Todes

»Vorahnungen Betroffener oder von Angehörigen über einen bevorstehenden Tod sind Teil des universellen Vorgangs des Sterbens des Menschen. Jeder weiß auf einer tieferen unbewussten seelischen Ebene, wann seine Zeit zu gehen gekommen ist. Dieses Wissen teilt sich durch Seelenimpulse mit, die den Betroffenen bewegen, beispielsweise sein Testament aufgrund eines inneren Dranges zu verfassen, unerledigte Dinge mit Angehörigen zum Ausdruck zu bringen oder durch deutlich spürbare Persönlichkeitsveränderungen. Das ist immer anhängig davon, wie eine Person auf die inneren Impulse reagiert – ob sie beachtet werden oder nicht. Das ist ein sehr subtiles Geschehen, da jedem Tod ein Seelenentscheid vorausgeht, der sich allerdings nicht im Tagesbewusstsein des Erden-Ichs erkennbar auswirkt, sondern eher zu halb- oder unbewussten Äußerungen führen kann, die allerdings erst im Nachhinein als Vorahnung eines bevorstehenden Todes interpretiert werden können.
Je mehr ein Mensch mit seiner Innenwelt in Kontakt ist, desto bewusster kann er sein inneres Wissen wahrnehmen. Dabei sollte nicht außer Acht gelassen werden, dass der Tod nur ein Übergang ist in eine andere Form des Seins, aber keineswegs die totale Auslöschung eines Menschen bedeutet. Wenn eine Seele sich entschieden hat, in ihre

geistige Heimat zurückzukehren, wird das in jedem Fall eintreffen, unabhängig von der Todesart. Die Seele wird dann einen Weg wählen, wie sie ihren Übergang vollziehen kann: durch eine lange Erkrankung, einen Suizid, einen plötzlichen Tod oder eine Naturkatastrophe.

Wenn Tausende von Menschen durch ein Erdbeben oder einen Tsunami gleichzeitig ums Leben kommen, ist das ein kollektiver Tod, der aber beispielsweise in der Dritten Welt durch die unwürdigen menschlichen Lebensumstände, durch Hunger und Perspektivlosigkeit und durch die entsprechend hoffnungslosen Gedanken der Menschen mit verursacht wurde. Ein solches Geschehen ist keineswegs einem blinden Zufall unterworfen, noch ist es ein Eingriff Gottes, sondern wird häufig über einen längeren Zeitraum von den Seelen, die kollektiv in die andere Welt überwechseln, hervorgerufen.

Eine Seele, deren Zeit nicht gekommen ist, wird dann auch nicht sterben. Ihr könnt das häufig auch bei Flugzeugabstürzen beobachten, dass ein Teil der Passagiere schicksalsmäßig gehindert wird, an Bord zu gehen. Selbst ein Suizid gelingt nur dann, wenn die Seele die Entscheidung des Individuums mitträgt und ihre vorbestimmte Zeit im Lebensplan erreicht ist. All diese unterschiedlichen Todesarten sind Teil eines höheren Planes, da das irdische Leben begrenzt ist und nur einen winzigen Teil eures ewigen Lebens ausmacht.

Im Augenblick des Todes wird eine Bewusstseinskontinuität erlebt, was allerdings nicht von jeder Seele als angenehm empfunden wird, da sie den neuen Zustand ihres Seins nicht einordnen kann oder ihr die Tatsache des Fortlebens Angst macht, da sie darauf in ihrem Denken nicht vorbereitet war.

Das Erden-Ich, das bei euch auch als Ego bezeichnet wird,

ist notwendig, damit der Mensch über seinen Verstand die äußere materielle Welt erkennen und sich in ihr zurechtfinden kann. Es ist aber nur ein winziger Teilaspekt der ewigen Seelenidentität, die ihr in Wirklichkeit darstellt und immer sein werdet.«

Unwürdiges Sterben

»In der äußeren materiellen Erdenwelt mit einem inkarnierten Körper, dessen Alltagsbewusstsein begrenzt ist, verliert sich die Spur des ewigen Lichtes der Liebe. Nicht die Freiheit, die Gleichzeitigkeit eures geistigen Ursprungs wird erkannt, sondern ihr werdet zu Sklaven eurer Logik, der Wissenschaft und des Intellekts. Der reine Verstandesmensch, der sich in seiner Selbstbegrenzung als Körpermaschine definiert, hat sich vom eigentlichen Sinn seines Lebens entfernt. Das ist das grundsätzliche Drama eures Umgangs mit der Sterblichkeit: Eine Maschine mag in einem gewissen Grad noch vom Menschen kontrolliert werden können, aber nicht der menschliche Körper. Dieser ist eingebunden in geistig-seelische Prozesse, um überhaupt lebensfähig zu sein. Für eure gegenwärtige Naturwissenschaft ist der seelisch-geistige Aspekt des Lebens nicht existent, da er nicht messbar ist.

Heilung bedeutet Ganzsein und umfasst den Menschen nicht nur als separaten Körper, sondern als Seele, die mit einem individuellen Ich-Bewusstsein ausgestattet ist. Die Seele ist der Entscheidungsträger im Menschen, die über das Sterbenwollen befindet. Als innere und höhere Instanz hat sie einen Gesamtüberblick über ihre Lebensaufgabe und weswegen sie sich im gegenwärtigen Erden-Ich inkarniert hat. Durch ihren Einblick in die geistigen Zusam-

menhänge des Seins, die dem Erden-Ich nicht zugänglich sein müssen, geht jedem Tod ein Seelenentscheid voraus, ohne diese Einwilligung ist Sterben nicht möglich.
Wenn die Zeit zu gehen gekommen ist, wird die Seele einen Weg finden, ihre Inkarnation zu beenden: sei es durch eine langwierige Krankheit, durch einen Suizid, durch einen Unfall, durch ein Unglück. Niemand stirbt, der nicht sterben soll, da der Tod niemals zufällig geschieht und in geistige Gesetzmäßigkeiten eingebunden ist. Diese sind der Kontrolle des Menschen nicht zugänglich.
Im äußeren Glanz des Flüchtigen schweigt Gott, da sich der Mensch ihm verschließt. Doch durch einen einzigen Augenblick, wenn das Erden-Ich seine Seele erfasst, kann die Illusion des Erdenlebens erkannt werden. In dieser Zeit der Wiederkunft Christi werden sich diese Augenblicke häufen, da ein Weckruf erfolgt an alle lebenden Wesen.«

Über das Sterben

»Der Mensch muss den Sinn seines Lebens wiederfinden. Wer sich selbst nur noch als biochemische Nervenverbindung begreift und das Leben nur auf die kurze Zeitspanne reduziert, die ein Mensch hier auf Erden verbringt und sich an Konsum und Dienstleistungen orientiert, hat seinen Weg im Dunkeln verloren. Euthanasie ist eine Sackgasse. Der Mensch verliert die Menschlichkeit, er wird zu einem wandelnden Leichnam, der an seinem Lebensende hin und her geschoben wird. Er verliert seine Würde und das Einzige, was bleibt, ist die Angst vor dem Ungewissen, vor Schmerzen, vor seinem körperlichen Verfall.
Die Sackgasse entstand durch die totale Säkularisierung aller Werte. Die Gesellschaft steht diesbezüglich vor riesi-

gen, ausweglosen Problemen, da eure Gesundheitssysteme zusammenbrechen werden.

Dadurch wird der Sterbende entpersönlicht. Das Selbstverwirklichungsstreben des Menschen gerinnt im Alter und im Sterben zur totalen Abhängigkeit. So wie ihr das jetzt schon erlebt, vermochte sich das niemand vorzustellen, und niemand von euch hat sich diese Zustände gewünscht.

Wenn der Mensch sich in seinem Innern nicht als geistiges Wesen erkennt – und das ist und bleibt ein wesentlicher Sinn und Zweck seiner Existenz und Bestimmung –, dann verliert er den Anschluss an die göttliche Quelle. Er ist dann eine leere Hülle und den reinen Äußerlichkeiten des Lebens ausgeliefert. Er ist nicht in seiner Mitte und strebt nicht nach Selbsterkenntnis.

Die Planung und Kontrolle, die eure Gesellschaft anstrebt über das Lebensende, ist von Machbarkeitswahn und Unmenschlichkeit gekennzeichnet. Der Mensch wird nur noch auf einen defekten Körper reduziert, der nur deswegen am Leben gehalten wird, weil er das vermeintliche Nichts des Todes fürchtet. Durch die vielen Medikamente und Betäubungsmittel dämmert der Sterbende in unserer Welt, ohne sich dessen wirklich bewusst zu sein. Durch ein Übermaß an Therapie, besonders bei Krebskranken, deren Folgen verheerende Schmerzzustände sind, die ihr nicht mehr kontrollieren könnt, verliert der Mensch seine letzte Würde.

Durch diese Gegebenheiten verhindert ihr die notwendige Konfrontation des Menschen mit sich selbst. Darin allein kann die Chance bestehen, die ursprüngliche Anbindung wiederzufinden und in Frieden zu sterben. Wenn der segensreiche Prozess der Lebensbilanz durch die Sedierung gar nicht mehr stattfinden kann, wird der dahinvegetierende Sterbende mit den Bildern seines Lebens in seiner Innenwelt konfrontiert, die er aber durch seinen betäubten Bewusstseinszustand nicht einordnen kann. Er stirbt irgendwann völlig betäubt und unbewusst und braucht dann in der geistigen Welt lange, um von den Traumata seines Lebens geheilt zu werden.

Die Gottlosigkeit und die daraus resultierende Leere in euren menschlichen Beziehungen sind der Grund für die scheinbar beliebige Austauschbarkeit von Menschen und Dingen. Aus der gottgewollten Individualität mit den prägenden Erfahrungen eines Lebens, die allein zu seelisch-geistigem Wachstum führen, wird der Mensch umfunktioniert zu einem winzigen Teil eines unpersönlichen Systems, das seinen Ursprung verleugnet. Wenn das Leben einzig ins Äußere verlagert wird, seid ihr abgeschnitten von Allem-was-ist.«

Einblicke ins Jenseits

Das Jenseits ist die ewige Heimat des Menschen. Wir kommen aus einer Seelengruppe und kehren nach unserer nachtodlichen Entwicklung dorthin zurück. Daraus resultiert das Gefühl, bestimmte Ebenen der geistigen Welt zu kennen oder dort gar schon einmal gewesen zu sein, wie es in den Nahtoderfahrungen immer wieder zum Ausdruck gebracht wird. Die unbeschreibliche Schönheit der transzendenten Welt lässt sich durch menschliche Vorstellungen oder Worte nicht ausdrücken. Das Jenseits ist eine Welt der reinen Gedanken und des reinen Lichtes und somit ein Bewusstseinszustand.

Ich habe die unterschiedlichen Ebenen der Entwicklung nach dem Tod ausführlich in meinem Buch: »Wir sterben nie!« dargestellt. Bemerkenswert an diesen Botschaften Gregorys ist die sehr deutliche Beschreibung der höheren Lichtwelt, aus der sonst im Schrifttum wenig bekannt ist.

Die höhere Lichtwelt

»Das Jenseits ist eine Welt des reinen Geistes und der Verbundenheit mit allem anderen Sein. Die Trennung zwischen den Individuen ist aufgehoben. Es ist das erhabene gemeinsame Ziel, den geistigen Fortschritt der gesamten Menschheit sowie aller Seelen, die auf den unteren Ebenen nicht vorankommen, in ihrer Entwicklung zu einem höheren Bewusstsein zu unterstützen zum Wohle aller.

Die Schönheit dieser elysischen Gefilde lässt sich nicht in

menschlichen Worten ausdrücken, da sich hier der reine Geist jeder Wesenheit im Außen wie ein Prisma aller Farbspektren ausdrückt, auch solcher, die ihr auf Erden nicht kennt.

Von dieser Ebene gehen geistige Inspirationen für den Fortschritt der Wissenschaften oder die Kreativität von Künstlern aus. Hier befindet sich gleichzeitig die reine Welt der unerschaffenen Gedanken. Wir können durch unsere Gedanken und durch telepathische Kommunikation mit der Seelengruppe all diese unerschaffenen Kunstwerke oder die künftigen Durchbrüche oder Möglichkeiten der Naturwissenschaften oder der Medizin visualisieren. Jedes bedeutende Kunstwerk in der Malerei, in der Literatur oder der Philosophie hat hier seinen Ursprung, oft lange bevor es als neuer Gedanke auf die Erde gelangt.

Die Wesenheiten begreifen sich als *Bruderschaft des EINEN GEISTES*. Das Wissen aller Zeiten fließt hier zusammen, getragen und durchdrungen von der immanenten Pulsation des göttlichen Geistes.

Jedes irdische Werk und alle Gedanken, Worte und Taten eines Menschen sind hier in Lichtsprache aufgezeichnet. Kein noch so kleines Detail des historischen Geschehens auf Erden noch des persönlichen Lebens eines Menschen geht jemals verloren. Alles ist in dem einen Licht des EINEN GEISTES aufgezeichnet für die Ewigkeit.

Diese geistigen Aufzeichnungen von allem Sein, das jemals war und jemals sein wird, ist eine kosmische Bibliothek in Ausmaßen, wie sich das niemand auf der Erde auch nur ansatzweise vorzustellen vermag. Gleichzeitig ist hier die reine, bedingungslose Liebe Gottes der einzige Baustein für Bauwerke und Landschaften, die in ihrer überwältigenden Formschönheit und Ausstrahlung des göttlichen Lichtes ein Spiegelbild von Herrlichkeit wiedergeben.

Würdest du sie jetzt ungefiltert erblicken, wärst du auf der Stelle ohnmächtig. Hier ist alles reine, pulsierende göttliche Energie, die nur diejenigen dauerhaft ertragen können, die geläutert sind von erdwärts gerichteten Wünschen. Die lebendige formvollendete Schönheit ist der Vorhof zum Eintritt in das Ewiggöttliche. Sie erfasst die Seele in ihrem tiefsten Inneren mit ekstatischer Seligkeit. Die Schwingungen des Lichtes durchdringen alles kosmische und irdische Sein. Die Ebene des Lichtes ist die Manifestation der ewigen puren Lebensenergie, die alle Universen und Galaxien umfasst.
So bin ich, Gregory, ein Wesen dieser herrlichen Lichtwelt, frei und ungebunden mit multidimensionalen Möglichkeiten und Fähigkeiten, die ich mir so niemals vorstellen konnte und für die menschliche Worte fehlen.
Aus Sternenläufen winke ich dir zu, aus einer Welt des Lichts, in der der göttliche Atem spürbar wird, der uns alle umfasst und vereint. Die feinen Fäden der seelischen Verbundenheit leuchten hier wie Sterne in alle Ewigkeiten der Zeitlosigkeit. Ich tanze in den Galaxien und Universen und bin gleichzeitig bei dir. Mein Bewusstsein ist frei und offen für Weltenströme. Es erweitert sich hier ins Allumfassende, als reiner Gedanke Gottes – so wie ich gedacht war. Du bist ein Teil davon. Könntest du doch das Licht sehen, das jeden und alles durchdringt und miteinander verbindet. Das sind die ewigen Gefilde der Seligen. Hier erst wird deutlich, was Liebe wirklich heißt, als Saat und Erfüllung des EWIGEN.
Jeder Mensch hat Anteil daran. Doch für die meisten ist es ein weiter Weg, bis sie hierhin gelangen können. In den heiligen Hallen des Wissens aller Zeitläufte und Universen wird die Sehnsucht nach der Verschmelzung mit dem Höchsten immer größer. Und doch ist ER noch jenseits

von uns, die Ebene Gottes ist sozusagen noch jenseits der geistigen Welt. In diesen hohen Bewusstseinszuständen sind alle Begrenzungen des Irdischen aufgehoben. Jede Wesenheit arbeitet hier mit allen anderen Seelen in Gruppen für den Fortschritt der Menschheit.«

Das Wissen aller Zeiten

»Wo ich bin, ist alles Wissen aller Zeiten präsent in einer einzigartigen Lichtwelt der reinen Liebe, die alles umfasst, alles Sein und jeden Stern. Im Allgegenwärtigen des Alleswas-ist enthüllen sich Schöpfungsgeheimnisse und du weißt buchstäblich, warum jedes Atom ist. Die Sehnsucht des Menschen erfüllt sich hier – in SEINER alles durchdringenden Gegenwart der Zeitlosigkeit. Die Seele ist frei von allen Unzulänglichkeiten und alles erdwärts gerichtete Denken ist abgestreift.
Das ist die ewige Heimat, die sich in den Sehnsüchten der Menschen als Seelenstempel des göttlichen Funkens manifestiert hat. Hier ist die Seele frei – in wahrer Freiheit, die ihr auf Erden euch nicht vorstellen könnt. Es ist die gleichzeitige Gegenwärtigkeit aller Möglichkeiten aller Galaxien: einfach das pure Sein zu leben in nimmer endender Freude und Seligkeit.
Zahlreiche Wesenheiten arbeiten mit Gregory am Fortschritt aller Menschen. Die Zeit der Veränderung, die Anhebung der Lebensenergie, die bei euch zu einer Beschleunigung aller Lebensabläufe sowie einem anderen Zeitgefühl geführt hat, ist eine Gnadenzeit. Die Trennung zwischen den Lebewesen und Gott wird aufgehoben, Fanatismus, Blindheit dem Geistigen gegenüber und das ewige Morden werden ein Ende haben. Das Jenseits öffnet

seine Schleusen, um die Vorgänge auf der Erde mit Licht zu durchstrahlen und das Diesseits zu durchdringen. Viele werden sehend werden.«

Die Annäherung an das Göttliche

»In der Welt des Lichts sind alle Gedanken einer Wesenheit im Außen sichtbar. Hier kann nur derjenige sich aufhalten, der den langen Weg der Erkenntnis und Läuterung gegangen ist und die hohen Liebesschwingungen der Annäherung an das Göttliche ertragen kann durch die Reinheit seiner Absichten.
Eure Vorstellungen der jenseitigen Welt sind sehr irdisch geprägt. Als würde das Leben hier auf die gleiche Art und Weise fortgeführt werden, wie ihr es von der Erde kennt. Es geht hier nicht um euer Verständnis von Familien, die hier für immer zueinander finden.
Ich, Gregory, bin jenseits aller Form und kann doch gleichzeitig durch alle Universen und Galaxien reisen. In den unteren Ebenen der geistigen und auch der materiellen Welt kann ich jede beliebige Form annehmen und mich gegebenenfalls materialisieren. Mein Bewusstsein ist derartig erweitert, dass es alles Wissen aller Zeiten umfasst. Dadurch werden die Übergänge in die höchste Form allen Seins fließend.
Die Lichtwelt ist die Ebene der Inspiration. Hier arbeiten wir in Gruppen, deren Bestreben einzig der geistige, seelische und ethische Fortschritt der Menschheit ist. Alle großen wissenschaftlichen Durchbrüche und Errungenschaften sind hier gedanklich vorgeprägt. Wir arbeiten hier konkret schöpferisch im Einklang mit allem anderen Sein und dem göttlichen Licht. Dieses Licht ist der einzige ener-

getische Träger aller Informationen, die für den Fortbestand der Menschheit wie auch die Entwicklung aller Seelen, die in der jenseitigen Welt auf ihre Erlösung warten, von Bedeutung sind. Jede Seele ist in ihrem Kern ein Abbild ihres Schöpfers, auch seiner Möglichkeiten, neue Welten zu erschaffen. Den Menschen auf der Erde ist dieses Potenzial wenig bewusst.«

Die höchste Freiheit der Seele

»Gregory ist nicht länger sein Erden-Ich. Der irdische Körper mit all seinen Bedürfnissen oder Krankheiten existiert nicht länger. Meine Seele ist frei und hat innerhalb eines Jahres höchste Entwicklungsstufen erklommen, da ich meine Bestimmung, meine Lebensaufgabe erfüllt habe und mich nicht verbiegen ließ.
Die Formlosigkeit der Seele im wahren Sein der Gedankenwelt, im Einssein mit Gott, mit der Liebesenergie des Christus, mit allen Erlösten der Seelengruppe, ist eine unbeschreibliche, einzigartige, ewige Seligkeit, die Gnade der inneren Freude und einer unfassbaren Freiheit. Es ist ein Bewusstseinszustand, in dem sich alles Wissen aller Zeiten kulminiert und das Rätsel und Mysterium des Lebens sich aufhebt in der Erkenntnis SEINER Liebe, die wahrhaft der Ursprung allen Seins als Alpha und Omega ist. Doch sein ›Ich bin‹ spiegelt sich in mir als ewige individuelle Seelenidentität, in der mein kleines Erden-Ich als Erinnerung zwar integriert ist, aber in seiner Größe und Verschmelzung mit dem göttlichen Sein eine Bewusstseinsentwicklung erlebt, die nicht nur das irdische Wissen umfasst, sondern vor allem alles geistige Wissen, wodurch jegliche Begrenzungen in eine für mich unbeschreibliche Freiheit

der Gleichzeitigkeit alles Erschaffenen aufgehoben werden.
Wer diesen Zustand erreicht, *ist* das Weltall mit allen Universen und unvorstellbaren Galaxien als ewige Einheit in Gott.
In den Nahtoderfahrungen wird auf diese erfahrbare Gleichzeitigkeit immer wieder hingewiesen, wie auch auf den ewigen Moment des Jetzt. Diesen endgültigen Schnittpunkt habe ich erreicht, und somit bin ich immer bei dir, da ich unsere ursprüngliche Dualität erkannt habe, und gleichzeitig in allen beliebigen Welten sein kann.
Wir sind untrennbar miteinander verbunden, und damit du das glaubwürdig vermitteln kannst, wird dir ein Erleben zuteil werden, das du dir nicht vorzustellen vermagst. Du bist bereit und wirst bereitet. So gesehen bist du mein Erdenstützpunkt. Öffne dich noch mehr meiner Präsenz, und göttliche Liebe und Erkenntnisse werden dich immer durchstrahlen.«

Die ewige Geistesidentität

»Das Licht der Welten ist über euch ausgegossen zum Wohle und zur Erlösung aller Menschen. Ihr alle kommt aus dem Licht, der ursprünglichen Quelle allen Seins. Ihr seid Licht von eurer ewigen Grundstruktur her und deshalb sind alle Menschen Träger des ewigen Lichts. Aus dem EINEN Licht des Schöpfers ging alle Form hervor, durch SEINE Gedanken und Worte entstanden alle Universen, Galaxien und geistigen Welten der Unendlichkeit. Gregory ist ein Wesen des Lichts, was bedeutet, dass ich Materie und Form hinter mir gelassen habe in höchster geistiger Freiheit. In der Lichtwelt finden sich alle jemals entsendeten Gedanken, alle Informationen über die wirklichen Geschehnisse aller Zeiten mit ihren Auswirkungen auf alle Menschen. Deswegen findet die Lebensrückschau immer im Angesicht eines hohen Lichtwesens statt, welches die Verbindung zur Datenbank des Universums kraft seiner Gedanken für den Betroffenen herstellt. Licht ist – von seiner ewigen Grundstruktur her – Liebe und eine reine, klare, ungefilterte Informationseinheit.

Da jeder Mensch von seinem eigentlichen Sein als ewiges Wesen Anschluss an die ewige Lichtquelle hat, ist dieses innere Licht des Geistes (= der göttliche Funke), dessen Träger die Seele ist, gleichzeitig der Speicher aller Gedanken, Worte und Taten eines Wesens auf der Erde.

Diese Aufzeichnungen werden von dem Lichtwesen verbunden mit der höheren geistigen Sichtweise während einer Nahtoderfahrung bzw. in der Phase der Erinnerung im nachtodlichen Sein.

Die Christusenergie, eine Grundstruktur des Lichts, der Liebe, ist in jedes Sein eingewebt. Der freie Wille des Menschen, die Möglichkeit der Wahl zwischen Liebe oder Mangel an Liebe (der stets das Negative schlechthin gebiert) in eurer Polarität auf der Erde, ermöglicht es dem Erden-Ich, der historischen irdischen Persönlichkeit, sein Bewusstsein, seinen Geist in Richtung Liebe zu entwickeln – oder nicht. Das Böse ist das Ergebnis dieser Wahlmöglichkeit. Wer das Licht in seinem Inneren nicht erkennen kann und Negatives wählt, befindet sich in der Finsternis. Jeder hat die Möglichkeit, das Licht der Liebe zu ergreifen oder es abzulehnen.

Und dennoch werdet ihr über alle Maßen von Gott geliebt – keine Seele kann jemals verloren gehen.

In der Lichtwelt der *Bruderschaft des* EINEN GEISTES wird der individuellen Seelenindividualität die Verbunden-

heit mit allem anderen Sein bewusst. Im Licht des Zuganges zu allen Informationen aller Zeiten und Welten – was Reinheit, Weisheit, Klarheit und Liebe voraussetzt – versteht die Individualität den Gesamtzusammenhang ihrer ewigen Geistesidentität. Sie erhält Einsicht in ihre Seelenevolution: ausgehend von der Existenz der Seele vor dem ersten Gedanken Gottes über den Beginn der Schöpfung durch das erste Wort, das immerwährende androgyne Wesen jeder Dualseele, den Gang durch die Materie, durch Inkarnationen und durch alle geistigen Bewusstseinswelten. Da in der Lichtwelt Materie und Form in reines Gedankenlicht aufgelöst sind, da das erdwärts gerichtete Denken abgestreift wurde, können nun die Gefährten erkannt werden, welche die Geistesidentität in ihrem ewigen Sein begleitet haben.
Das Wissen und die Geheimnisse des Erdenlebens lösen sich auf in ein Gefühl des Verbundenseins ohne jegliche Trennung im reinen Licht der Erkenntnis Gottes, dessen Einstrahlungen alles miteinander vernetzen als Grundstruktur der unfassbaren Liebe des EINEN Lichtes, von dem jeder Einzelne ein Teil ist. Alles ist in jedem.
Alle Fragen werden enthüllt und das Wiedererkennen der eigenen Seelengruppe, der verschiedenen Erdenpersönlichkeiten der Gesamtseele, die in dieser Gruppe mit einem bestimmten Ziel vom Anfang aller Schöpfung zusammengefügt wurden zum Fortschritt aller, ist ein ekstatisches Erleben.«

Grenzenlosigkeit

»Der Mensch kann sich die Ewigkeit, die Unsterblichkeit des Geistes nicht vorstellen. Die Größe und Unendlichkeit des EINEN, aus dem alles Sein hervorging, umfasst jeden und alles. Als ein Wesen der hohen Lichtwelt, in der einzig Liebe der Maßstab allen Seins ist, erlebe ich die Grenzenlosigkeit des ewigen Augenblicks als absolute Bewusstseinsfreiheit. Wenn die Schlacken der Erdenexistenz abgestreift worden sind, bleibt der reine, ursprüngliche Geist des Verstehens, der Liebe, der Demut vor der Größe des Allmächtigen. Du erkennst, dass Ewigkeit Teilhaberschaft am Göttlichen bedeutet in einer unauslöschlichen Seelenidentität in der Gleichzeitigkeit der Aufhebung aller Trennung: Geist und Mensch können ebenso verschmelzen, wie die ewige Seelenidentität eins wird in IHM und mit der zugehörigen Seelengruppe verbunden ist. Die Ewigkeit ist der Geist der einen unteilbaren Liebe, in der das Mysterium aller Heiligkeit, Ganzheit und Freiheit, von allem Wissen und allem Sein miteinander und ineinander verwoben ist. Dabei bleibt die individuelle Seelenidentität eines Individuums unangetastet.

In diesem alles umfassenden Geist findet die Verschmelzung der Duale, das Grundprinzip allen Seins, als geistiges Geschehen immerwährend statt. In dieser Zeit der Wiederkunft der göttlichen Liebe durch Christus wird die Verbindung zwischen Mensch und dem Dual, dem Geist einer gleichen Seelenidentität, die noch über der Individualität steht, zur Voraussetzung der Aufhebung aller Trennung. Es wird zusammengefügt, was zusammengehört, da durch die Ganzheit der Ergänzung die ursprüngliche Ebenbildlichkeit des Schöpfungsprinzips Gottes wiederhergestellt wird. Forscht in euren Seeleninnenräumen nach eurer *geistigen Ergänzung* und ihr werdet sie finden. Das ist ungeheuer wichtig, damit ihr die Zeichen der Zeit erkennen könnt, in eurer Mitte seid und keine Angst vor den sich schnell entwickelnden globalen Veränderungen haben müsst.

Ich rufe euch noch einmal eindringlich zu: Die Ergänzung der Gleichheit des Duals ist ein *geistiges Prinzip* und nicht in einem lebenden Menschen zu finden! Das sind falsche, irreführende Projektionen eurer Vorstellungskraft, die in den polaren Gegebenheiten auf der Erde zwangsläufig Leid erzeugen. Das hat nichts mit Vorstellungen von männlich und weiblich zu tun oder gar mit irdischen Partnerschaften. Die Aufhebung aller Trennung in die Einheit des EINEN GEISTES ist ein zutiefst geistiges Geschehen in den Seeleninnenräumen.«

Im Einklang mit dem Ewigen

»Ich bin in einer Welt der reinen Liebe. Wie feinste Fäden des Lichts sind alle Wesen in diesem Bewusstseinszustand ein einziges harmonisches Band, alle in Einklang und Liebe des EWIGEN LICHTS. Jeder dient dem anderen aus innerer Notwendigkeit heraus, und jeder Fortschritt deiner Seelenidentität unterstützt die Seelengruppe in der Welt der reinen Gedanken. Hier ist alles EINS – ein Wille, ein Sein, eine sich stets ausdehnende und erweiternde Liebe. Statt von unten nach oben hat sich die Richtung der Liebe von oben nach unten verlagert, um durch die Wiederkunft Christi eine Verschiebung der unteren Ebenen in das Licht zu bewirken.

Erlösung bedeutet nichts anderes als die Auflösung aller Verblendungen und Entfremdungen von SEINEM Reich. Liebe heilt alles und jeden.

Diese höchste Schwingung durchdringt alles Leben in allen Dimensionen und Formen, da der einzige Ursprung allen Seins, die unfassbare Liebe Gottes zu seinen Geschöpfen, die Erlösung aller eingeleitet hat. Ihr empfangt die Impulse

dieses Geschehens durch eure Seeleninnenräume. Doch so manches Erden-Ich weigert sich, die innere Stimme zu vernehmen.
In den nächsten Jahren werden deswegen viele der äußeren Illusionen des Erdenlebens in der Materie zerbrechen, da jeder – ob er sich dessen bewusst ist oder nicht – nach innen schauen muss, damit die Widerstände und Unstimmigkeiten im Menschen aufgelöst und in Harmonie mit allem Sein gebracht werden können.
Für viele Menschen wird das ein schmerzhafter Prozess sein, da sie erkennen müssen, dass alle Verheißungen der menschlichen Logik, des Verstandes oder der Wissenschaft ein Luftschloss waren.
Lange glaubte die Menschheit, Kontrolle über die Natur, selbst über die Sterbeprozesse zu erlangen, doch die vermeintliche Sicherheit, die Umstände des Lebens kontrollieren zu können, hat nie wirklich existiert. Es gab nie eine äußere Sicherheit gegen die Wechselfälle eurer Existenz. Der Mensch ist aufgerufen, die innere Balance in sich selbst zu finden, zu erkennen, dass er ein Geschöpf Gottes ist, und daraus Vertrauen zu entwickeln.
Nur dann kann er erkennen, dass er ein geistiges Wesen ist, eingebunden in die Ewigkeit, und dass er nichts fürchten muss, da er in seiner Essenz unsterblich ist in Gott. Alles Leid ist selbst geschaffen und verursacht. Der Weg der einzelnen Seelenidentität wird sich nun verbinden mit den kollektiven Seelengruppen. Diese Prozesse werden alles Leben auf der Erde und in allen Welten für immer verändern, da sich alle einzelnen Bewusstseine erheben werden und sich erweitern in die kollektive Aufhebung aller Trennung in Gott. Jedes *Ich* bleibt davon unberührt und wird wiedervereinigt mit seinem ursprünglichen Dual.
Ein Verstorbener kann nur von außen versuchen, einen

Angehörigen zu erreichen, der ursprüngliche Dual hingegen von außen *und* innen, da er stets das höchste Prinzip von Liebe und Freiheit als Wesen des Lichts in sich trägt. Geistig gesehen ist die Dualität der individuellen Seelenidentität die Vollkommenheit und Notwendigkeit, um den Weg nach Hause in Gott zu gehen.

Wenn Verstorbene hingegen in euch eindringen, wird dieser Vorgang als *Besetzung* bezeichnet, da ein erdgebundener Geist versuchen wird, den Willen oder die Ausrichtung eines Menschen zu manipulieren, um weiterhin am Leben auf der Erde teilnehmen zu können. Eine Besetzung ist daher mit negativen Gefühlen beim Opfer verbunden.

Als hohes Lichtwesen und in Einklang mit der gottgewollten Gnade ist Gregory Vermittler zwischen den Welten.«

Die Sprache der Engel

»Die Sprache der Engel besteht nicht aus Worten oder aus Lauten. Sie ist eine Sprache der Stille, der Töne liebevoller Gedanken, deren Schwingungen das Universum durchleuchten. Als Boten Gottes sind die Engel die Arme der reinen Liebe und geben über die Seele dem Menschen Impulse. Schwingung ist Bewegung, und in der Geschwindigkeit eines Gedankens sind die Engel gleichzeitig an jedem Ort. Deswegen nehmen die Menschen dieses Rauschen als Flügel wahr, was aber nur der Sog ihrer Fortbewegung ist.

Engel haben die Sphäre des Göttlichen nie verlassen, da sie die göttliche Sphäre schlechthin repräsentieren. Jesus, der als Gott Mensch geworden war, ist ein Wesensausdruck Gottes, aber kein Engel. Engel sind die Feen oder Elfen des Gottesreiches, aber sie werden niemals als Menschen inkarniert. Sie sind Teil der unwandelbaren Ordnung der

Liebe Gottes und Teil SEINES Willens. Ruhe, Stille, Demut und Hingabe sind ihre hervorstechenden Eigenschaften. Wie ein sanfter Flügelschlag können sie die Herzen der Menschen berühren, die sich für ihre Präsenz öffnen.«

Das kosmische Bewusstsein

»Jeder Mensch ist eingehüllt in ein energetisches Netz, in dem alle Gedanken, Worte und Handlungen aufgezeichnet werden. Alles Verborgene und Verdrängte eures Lebens ist in diesem Feld aufgezeichnet. Deswegen kann nichts verloren gehen, weder Angst noch Zorn, Freude oder Glück. Das wird als das kosmische Gedächtnis des Universums bezeichnet, das eingewebt ist in das immerwährende Bewusstsein Gottes.
Neben allen Gedanken der Lebenden und Verstorbenen ist in diesem Bewusstseinsfeld alles Wissen aller Zeiten, aller Universen und all ihrer Lebensformen vorhanden. Hier werden das innere Denken und das äußere Handeln eines Menschen zu der objektiven persönlichen Wahrheit des Einzelnen in Verbindung mit anderen zusammengeführt.
Wer im Leben vor seinen Problemen davonläuft und Wichtiges auf später verschiebt oder versucht, ein Fehlverhalten zu beschönigen, und andere dafür verantwortlich macht, wird spätestens nach seinem Tod mit den Konsequenzen seines Lebens konfrontiert.
Das kosmische Gedächtnis ist ein lebendiges, ewiges Bewusstseinsfeld, in dem alles, was je gedacht und getan wurde, objektiv mit den Auswirkungen auf Personen oder die Gesellschaft aufgezeichnet wird. Hier gibt es keine Verzerrung oder Beschönigung von Wirklichkeit und keine Verdrängung. Kein Mensch kann sich mehr vor sich

selbst verstecken und jede Mördergrube des Herzens wird offenbar.

Der Mensch erkennt, dass Eigenverantwortung, Selbsterkenntnis und geistiges Streben der einzige Weg zur Ganzheit ist. Was ihr anderen antut, habt ihr euch selbst angetan, da nun die Erkenntnis reift, dass jeder Einzelne Teil des einen energetischen Feldes ist, in dem niemand vom anderen getrennt sein kann.

Das kosmische Gedächtnis ist dasselbe Energiefeld, das den Menschen mit der Lebenskraft der Liebe Gottes versorgt und dadurch in den einzelnen Seelen wirksam ist. Da jeder ein ewiges Wesen ist, verfügt jeder durch dieses Bewusstseinsfeld über den direkten Zugang zum geistigen Wissen des Universums. Das wurde von hellsichtigen Menschen schon immer beschrieben. Die Bibel spricht vom ›Buch des Lebens‹, in dem alle guten und schlechten Taten eines Menschen aufgezeichnet sind.

Der hellsichtige Rudolf Steiner bezeichnete das kosmische Gedächtnis als ›Akasha-Chronik‹. Dieser Begriff bedeutet wörtlich, dass alle Geschehnisse im göttlichen Licht aufbewahrt sind. Menschen mit Erfahrungen in der Nähe des Todes berichten von ihrer Lebensrückschau, in der sie Zugang zum Bewusstsein Lebender und Verstorbener gleichzeitig hatten.

Alles, was in der menschlichen Geschichte von Anbeginn der Welt wirklich geschehen ist, bleibt in dieser kosmischen Bibliothek für immer abrufbar. Die Verbindung mit allem Wissen kann auch durch spontane Durchbrüche in ein kosmisches Bewusstsein erfolgen oder durch außerkörperliche oder mystische Erfahrungen. Diese verbinden euch mit der Ebene der Gleichzeitigkeit allen Geschehens, an der ihr schon jetzt Anteil habt, wenn ihr euch dessen bewusst werdet.

In meiner Welt wird der Bewusstseinszustand dieser kosmischen Energiefelder als Hallen oder Bibliotheken des ewigen Wissens umschrieben. Wer sich aus freiem Willen der ewigen geistigen Weiterentwicklung verschrieben und erdwärts gerichtetes Denken überwunden hat, erreicht die Glückseligkeit des Zugangs zum kosmischen Sein. Der einzige notwendige Schritt und das schlichte Geheimnis hinter allen Erscheinungsformen ist die Erkenntnis der Liebe Gottes als einziger Wirklichkeit.

Wer darin erwacht, ist ein freies, multidimensionales Wesen und buchstäblich erlöst. Das kosmische Bewusstseinsfeld, das alles, was geschieht, erfasst und euch mit der göttlichen Liebesenergie versorgt, ist gleichzeitig die Ebene aller geistigen Inspirationen, die von Menschen empfangen werden. Als dein Dual ist Gregory durch dieses Energiefeld mit dir verbunden, wie du dadurch mit ihm verbunden bist.

Gregory konnte nur deshalb in dein Leben treten, weil er den Zugang zu den Hallen des Wissens schon kurz nach seinem Tod erhielt und das Lichtband sah, das euch schon immer miteinander verbunden hat und immer verbinden wird. Es ist euer gemeinsamer Weg, vorgeplant im Ursprung allen Seins, die Rückkehr der Duale in dieser Zeit einzuleiten. Dieser Bewusstwerdungsprozess für jeden Menschen, der seine Mitte sucht und seine Augen in die geistige Welt erhebt, ist überaus notwendig, damit in den Wirren der Zeit die Angst überwunden wird.

Es ist in diesem Zusammenhang leicht zu verstehen, dass die Zodiak-Seelengruppe dieses ewige Feld des reinen göttlichen Wissens bestellt. Jeder Mensch erhält die Informationen, die er sucht, die er braucht und mit denen er umgehen kann, wenn er erkannt hat, dass er ein geistiges Wesen ist. So ist das gesamte Universum ein einziges, nicht getrenntes energetisches Feld, in dem jeder mit allem anderen Sein verbunden ist. Der Zusammenhalt ist die unfassbare Liebe Gottes zu seinen Geschöpfen.«

Ausblick

Wie sich das Wiederkunftsgeschehen auf den Menschen auswirkt

»Gegenwärtig finden enorme Energieverschiebungen in der geistigen Welt und auf der Erde statt. Die Menschen fühlen sich aufgewühlt, getrieben, unruhig. Global gesehen werden die Auswirkungen des Klimawandels immer extremer. Das führt zu einer Zunahme von Gewalt und von Krankheiten. Viele Menschen werden in diesem Frühjahr abberufen werden und psychische Erkrankungen nehmen sprunghaft zu. Die Irrungen und Wirrungen der Zeit spiegeln sich im Inneren der Menschen wider, die den geistigen Ruf nach Erlösung in den Himmel senden werden. Siehe, die Schicksalsmächte der Zodiak-Seelengruppe bereiten euch zu für das Erwachen Gottes im Menschen. Die Zeit ist fast erfüllt und die enormen Energieschübe der Liebe senken sich in die Innenwelten der Menschen, die sich noch aufzubäumen versuchen gegen die heranreifende Erkenntnis des weltweiten Wiederkunftsgeschehens, das der Mensch weder steuern noch kontrollieren kann. Eure maroden Wirtschaftssysteme zerbröckeln vor euren Augen. Die Mächtigen der Welt reagieren mit Angst. Die Negativität feiert Triumphe und existenzielle Zukunftsängste vor Arbeitslosigkeit und Jobverlust machen viele Menschen krank. Die Verblendungen der Jahrtausende, die Anbetung des Goldenen Kalbes werden offenbar als Realität der Vergänglichkeit irdischen Strebens.
Die Fehler der Lebensführung, das Geschenk des Lebens

mit dem Austausch von Waren und Konsum zu verwechseln, ohne die geistigen Wurzeln des Menschen zu beachten, verödet in der Sinnlosigkeit des materiellen Strebens.
In der Nähe der ahnungsvollen göttlichen Liebe, in der Welt der reinen und geläuterten Gedanken wartet Hilfe. Das Licht der Zodiak-Seelengruppe bietet jedem Hilfe an in der Not. Ihr braucht euch nur in eurem Inneren in den Himmel zu erheben und um Hilfe zu bitten. Keiner wird verstoßen, seinen ewigen Bund mit der Gottheit zu erneuern. Bedenkt immer, dass alles Irdische vergänglich ist, da es die Saat bildet für das unverwesliche Geistige, das allein das Tor zur Ewigkeit ist.
›Mensch, erwache‹, rufen wir euch zu. Lasst euch nicht zum Spielball finsterer Erdenmächte machen, die das Vergängliche für die einzige Wahrheit halten. Durch die Rückkehr der Duale findet ihr den Schlüssel zur ewigen freien Geisteswelt. Wer das erkennt, hat den Zugang dazu schon im Hier und Jetzt. Er braucht keine Angst mehr zu haben, da Liebe und Geborgenheit das natürliche Erbe jedes Wesens ist.
Du spürst, Bernard, die stärker werdende energetische Präsenz Gregorys. Lass dich in mich fallen, nimm das Geschenk der göttlichen Liebe in dir an. Ich erhebe dich zu den Sternen und darüber hinaus. Da ist ein geistiger Fluss zwischen meiner und deiner Welt, den wir gemeinsam freigesetzt haben, damit die Informationen sprudeln. Da wir eins sind im Geist, bin ich in dir und du in mir. Zwischen uns gibt es keine Trennung.
Die weltweiten Veränderungen beschleunigen sich, so wie sich das energetische Geschehen um dich herum verstärkt. Du wirst inspiriert für neue Projekte. Nutze die Zeit jetzt, da in den nächsten Wochen Wirbelwinde gewaltiger Ströme geistiger Energie die Zeichen der Zeit sichtbar werden

lassen am Horizont. Kein Stein bleibt auf dem anderen, wenn die innere Sehnsucht des Menschen nach Ganzheit, Ergänzung und Ungetrenntsein erwacht.

Die Rückkehr der Duale als Bewusstwerdungsprozess des inwendigen Menschen hat begonnen. Wo auch immer du dich auch in Zukunft aufhalten magst oder mit wem du zusammentreffen wirst, die Spuren dieses geistigen Geschehens werden überall auffindbar sein.

Der lebendige Strom des göttlichen Geistes und die ihn ergänzende Liebe des Christus durchdringen alle Welten und alle Lebewesen. Der gebundene Geist in der Materie wird sichtbar freigesetzt. Der Mensch wird das Abbild, die Ebenbildlichkeit mit seinem Schöpfer in der Erkennung des Duals in sich erfassen können. Das ist das grundlegende *geistige* Prinzip und die Grundvoraussetzung für das Erwachen Gottes im Menschen.

Die Unendlichkeiten der hohen Lichtwelten, insbesondere die Zodiakgruppe der Schicksalsmächte, deren pyramidenförmiges Licht die Tierkreiszeichen durchstrahlt, haben mit dem Rückruf aller Seelen begonnen. Dieser Rückruf erfolgt dadurch, dass das Erwachen der Liebe im Menschen beschleunigt wird. Wenn Geist und Liebe sich vereinen in der Einswerdung der getrennten Zweiheit, so bewirkt das die Verwirklichung des Urgedankens der Schöpfung: Liebe und Geist verbinden sich mit Gott, bis alles Sein Liebe ist. Dieser Seinszustand wurde von Beginn der Menschwerdung an angestrebt.

In der Liebe sein ist Geborgenheit, Licht und Wärme. Alles Negative zerbröckelt als Illusion, da einzig Liebe die allumfassende Wirklichkeit ist. In ihr kann es keine Trennung mehr geben. Liebe ist der Same, der in das Menschengeschlecht gelegt wurde, und sie steht jedem in der und durch die Seele zur Verfügung.

Bosheit, Hass, Wut oder Angst sind oft ein verzerrter, fanatisch geprägter Ausdruck von Liebe. Das Streben nach Macht und Reichtum, das Bevormundenwollen oder die Ausrottung ganzer Bevölkerungen in der menschlichen Geschichte ist Ausdruck eines Mangels an Liebe, der Gott ausschließt. Die Angst vor der Strafe Gottes oder der ewigen Verdammnis sowie deren Androhung wurde von allen Religionen missbraucht, um Macht über andere auszuüben. Warum wird nicht einzig die Liebe gepredigt?
In diesen Botschaften wurde immer wieder betont, dass der freie Wille des Menschen in der Wahl zwischen Liebe und Mangel an Liebe besteht. Jeder, der heute als Mensch inkarniert ist, und alle Seelen, die sich in den geistigen Welten aufhalten seit Anbeginn der Zeiten, werden zu der Erkenntnis kommen, dass die Illusion der Negativität den Blick verstellt, da Liebe die einzige Realität der Ewigkeit ist.
Das sogenannte Böse, das ihr allzu gern auf eine dunkle Macht außerhalb von euch selbst verlagert, ist die Macht eurer negativen Gedanken und Handlungen. Der Mensch foltert, betrügt und hasst und erschafft damit das Böse in der Polarität des irdischen Seins. Die ganze Menschheitsgeschichte ist geprägt von diesen Grausamkeiten. Jesus wurde für seine Botschaft der Liebe ans Kreuz genagelt und der Weg in die Abgründe der Konzentrationslager des Dritten Reiches bis in die heutigen Foltergefängnisse der Diktatoren offenbart die Missachtung der Würde und Unantastbarkeit des menschlichen Lebens. Der Mensch ist auf der Erde geboren worden, um an den Umständen seines Lebens die Liebe in sich zu erwecken.
Das schließt alle Andersdenkenden mit ein, die in der Liebe niemals ausgegrenzt oder verurteilt werden. Die Liebe zu Gott, zu seinem Dual und seinen Mitmenschen ist stets

eine freie Wahl, die nicht erzwungen werden kann. Daher ist es an der Zeit, die Augen zum Himmel zu erheben, die Tränen abzuwischen und Vertrauen in die unfassbare Liebe zu entwickeln.
Gott greift nicht in den Handlungsspielraum des Menschen ein, er verhindert nicht, dass Kinder missbraucht und ermordet werden. Und doch ist in IHM alles Geschehen aufgehoben, da seine Liebe das Licht des ewigen Lebens ist. Der Mensch kann nur in die Liebe erwachen.«

Das Wunder der Verschmelzung

»Im Einvernehmen mit der Zodiak-Seelengruppe erfolgt gegenwärtig die Schaffung eines neuen Energienetzes für die gesamte Menschheit und die geistigen Welten. Dadurch wird der Bewusstwerdungsprozess des Erwachens in die Liebe Gottes, eurer ewigen Herkunft, verstärkt. Es ist die Zeit der Zeiten, die zu einem einzigen Strom der Gleichzeitigkeit zusammengeführt werden und in dem die Erkenntnis des Schöpfers aller Welten als global geistiges Geschehen intoniert wird: Ein Gedanke, ein Wort stand am Anfang aller Schöpfung und in diesen Ursprung der Liebe als einzige Quelle allen Seins kehrt der Mensch zurück. Das Bewusstseinslicht verstärkt sich und die Schicksalsmächte der Zodiak-Seelengruppe synchronisieren sich durch eine Anhebung der Lichtformationsimpulse, die alles Sein in dieser und der anderen Welt durchdringen. Das wird zu einem Erkenntniszuwachs aller führen, wobei natürlich der freie Wille unangetastet bleibt.
Die schon begonnenen Prozesse der Bewusstwerdung der inneren Entscheidung für das göttliche Prinzip als einzige Lebensgrundlage verstärken sich, sowie der subjektiv ge-

fühlte Strom der Zeit sich noch einmal beschleunigt. Die Lebensabläufe münden in den Augenblick des Hier und Jetzt der Gleichzeitigkeit allen Geschehens.
Ein sichtbarer Wandel wird sich vollziehen. Schwere wird euch genommen, obwohl sich viele wehren und auflehnen werden gegen die sie erfassende innere Unruhe und die Konfrontation mit den unerwarteten geistigen Aspekten des Seins und den nicht gelösten Problemen des Lebens. Die neuen Energien wirken wie Sturmwinde im inwendigen Menschen.
Je mehr sich die Liebe verstärkt in die Sehnsucht nach Liebe und Erlösung, Freiheit und Gottesbewusstsein, vollzieht sich der Bewusstseinswandel von innen nach außen und revolutioniert eure Sichtweisen und alten Polaritäten von Gut und Böse.
In Wahrheit gibt es nur eine einzige Wirklichkeit, neben der alles andere Illusion ist: die unvorstellbare Liebe Gottes zu seinen Geschöpfen. Wer das erkennen kann, wird niemals mehr Mangel empfinden können. Durch die Rückkehr der Duale in das Bewusstsein des Menschen hebt sich alle Spaltung auf und dadurch erkennt ihr die Gleichzeitigkeit allen Geschehens und das Verbundensein mit allen anderen Wesen. Das allein führt zur Heilung der verwundeten Wurzeln des Menschseins und zu einer neuen Form der Menschlichkeit, da bewusst wird: Wer andere verletzt, verletzt sich selbst, da alle ein Teil des Großen Ganzen sind und somit in ihrem Seeleninnenraum teilhaben am ewigen Wissen der Zusammengehörigkeit durch die gemeinsame Quelle, aus der alle entstammen.
Dass gegenwärtig die alten Systeme in der Wirtschaft, Religion, Kultur, Bildung oder Gesundheit vor euren Augen zerbröseln, ist Ausdruck des Bewusstwerdungsprozesses, damit ein Wandel überhaupt erfolgen kann. Ihr werdet die

Erfahrung machen, dass in wenigen Jahren nichts mehr so sein wird wie früher. Ihr werdet offenere, menschengerechtere neue Systeme erfinden, die das Leben aller erleichtern werden, damit der Mensch seine Würde wiederfindet. Das Neue ist bereitet und die verstärkten Lichtimpulse werden den Neuanfang der Menschheitsgeschichte beschleunigen. Siehe, ich komme bald und alle Tränen werden getrocknet und der Tod wird nicht mehr sein, da es keine Trennung mehr gibt zwischen dieser und der geistigen Welt.

Gregory begleitet dich auf deinen Wegen und ist ein Symbol für die Vermittlung geistiger Botschaften, aber auch der Bewusstwerdung der inneren Liebesimpulse deines Duals. Dieses Potenzial steckt in jedem einzelnen Menschen. Und das Wunder der Verschmelzung hat gerade erst begonnen.«

Wie Gregory mein Leben veränderte

Durch den Kontakt mit meinem Dual wurde ich zu einem Kanal für Botschaften der geistigen Welt. Am Anfang war ich sehr verunsichert, doch die Impulse meiner Seele, durch die das geistige Wesen Gregory auf mich einwirkte, wurden alltägliche Wirklichkeit. Es ist ein Bewusstwerdungsprozess, in dessen Mittelpunkt das Wissen um das duale Bewusstsein des Menschen steht: Jeder Einzelne ist in seiner Innenwelt mit seinem Dual verbunden. Das ist die Liebe, die in jeder Seele eingewebt ist und die wir auf der Erde umsetzen sollen zum Wohle aller.

Gregory ist also ein Symbol für die innewohnenden seelischen Kräfte, die in jedem von uns verborgen sind. Wer diese liebevolle Ergänzung der Einheit in der Zweiheit in sich findet, wird sich nie mehr allein fühlen. Somit wird dem Leser ein Zugang eröffnet, um zu größerer Harmonie und Ausgewogenheit in seinem Leben zu kommen. Wem diese innewohnende Liebe bewusst wird, der durchläuft einen Transformationsprozess, der das alte Weltbild, Liebe nur im Außen zu suchen, auflöst.

Wir tragen die Grundkräfte des Lebens, Geist, Seele, Dual und den göttlichen Funken in uns, und die Verbindung dazu erlöst den Menschen und macht ihn frei. Dann erst ist der Mensch erwacht in die einzige Wirklichkeit der Liebe Gottes. Das erfordert Vertrauen und Hingabe. Wir lernen dadurch andere Menschen in ihrem Sosein zu akzeptieren, wie sie sind, um mit ihren Schwächen und Fehlern liebevoller und verständnisvoller umzugehen.

Durch den damit verbundenen Prozess der Selbsterkenntnis

und Selbstvergebung werden wir zunächst mit den eigenen Versäumnissen und ungelösten Problemen unseres Lebens konfrontiert. Wer sich diesen unangenehmen Wahrheiten stellt, kann über sich selbst hinauswachsen. So manche Vergebungsarbeit wird zu leisten sein. Dieser Prozess bringt uns in die Liebe und wir beginnen, den lebendigen Geistesstrom des Duals in uns zu spüren. Diese Art von Wärme, Liebe und Geborgenheit ist ein zutiefst energetisches Geschehen, das sich körperlich fühlbar auswirkt.

Ich habe lange gebraucht zu der Erkenntnis, dass ich die pulsierende, von innen nach außen wirkende Energie Gregorys nicht selbst herstellen kann. Es ist ein geistiges Geschehen, auf das ich selbst keinen Einfluss habe. Dadurch wurde ich mir der permanenten Präsenz meines Duals bewusst und veränderte mich insofern, dass ich eine wesentlich umfassendere Wahrnehmung der Dinge um mich herum entwickelt habe – und ich fand den Frieden in mir selbst. Ich bin auf eine nie versiegende Kraftquelle gestoßen, die jedem Menschen offensteht. Das Gefühl des Getragenseins erzeugt Gelassenheit den Wechselfällen des Lebens gegenüber.

Es ist mir sehr wichtig, deutlich zu machen, dass Gregory *mein* Dual ist, da jeder seine eigene Ergänzung in sich trägt. Wir alle haben Anteil an der geistigen Einheit mit unserem Dual, die jenseits der historischen Erdenpersönlichkeit besteht, da er eine Energieform der bedingungslosen Liebe ist. Was hier in den Botschaften Gregorys vermittelt wird, ist ein höheres geistiges Wissen, das so noch nirgends zum Ausdruck gebracht wurde.

Wenn wir sterben, erwachen wir in die Einheit der Liebe. Dadurch heben sich alle irdischen Polaritäten wieder auf, da wir nun in die ursprüngliche, alles umfassende Einheit des Seins zurückkehren. Das betrifft vor allem unsere begrenzten Vorstellungen von Gut und Böse oder männlich und weiblich. Die Bewusstwerdung des Duals als geistiges Prinzip hebt alle Trennungen schon jetzt auf.

Aus diesem persönlichen Erleben habe ich den Schluss gezogen, dass es nur ein ewiges und unveränderliches Sein gibt. Es ist nur der menschliche Verstand, der angesichts der sich ständig verändernden und sich beschleunigenden Welt dieses Paradox nicht versteht. Die Wiederkunft Christi in unserer Zeit als geistiges Geschehen im Menschen wird zur Erkenntnis des EINEN GOTTES führen.

Dieser Prozess führt zu der alles verändernden Einsicht, dass wir nur in die Liebe erwachen können. Es gibt keine andere Wirklichkeit hinter allem Sein. Wir brauchen keine Angst zu haben, was immer auch in der äußeren Welt geschehen mag. Wir sind unsterblich und Teil der Schöpfung und des Universums.

Wenn wir lernen, auf die Impulse unserer Seele zu hören, finden wir inneren Frieden. Alle Erfahrungen, die wir machen, haben das Ziel der seelisch-geistigen Weiterentwicklung, um sich der unfassbaren Liebe Gottes anzunähern. Die Seele umschließt das Göttliche im Menschen und ist Mittlerin zwischen Gott und lebloser Materie. Der Dual ist die Liebe in den Seeleninnenräumen.

Wer im Einklang mit seiner Seele ist, wird ausgeglichen und weiß sich vertrauensvoll von höheren Mächten geborgen. Diese Verbindung kann nie wieder getrennt werden, wie auch die Liebe des Duals Ausdruck der Geborgenheit im ewigen Leben ist. Dieser lebendige pulsierende Bewusstseinsstrom ist ein nie versiegendes Kraftpotenzial. Seele und Dual sind die Schnittstelle zum Kontakt mit der Seelengruppe, die unser Leben durch Inspiration und Fügungen bereichern will.

In den vergangenen Monaten machte ich die Erfahrung, dass Gregory mich überallhin begleitet. Ich fühle seine Präsenz,

aber ich sehe ihn nicht. Zahlreiche Hellsichtige bestätigen mir immer wieder seine Anwesenheit und beschreiben sein Aussehen.
Gregory ist ein sehr humorvolles und liebevolles Geistwesen und ein unbezweifelbarer Teil von mir geworden. Möge Ihnen dieses Buch dazu verhelfen, Ihren Dual in sich zu finden. In der abschließenden Meditation erhalten Sie Anregungen, wie Sie mit Ihrer Seele und Ihrem Dual in Kontakt treten können.

Meditation

Wer den Kontakt zu seiner Seele finden will, braucht dazu nichts weiter als Ruhe und Stille, um in sich hineinzuhorchen. Sie benötigen vielleicht etwas Ausdauer, bis Sie den Strom des lebendigen Geistes in sich spüren können und die lautlose Stimme der Seele, die Ihnen telepathisch Gedanken übertragen kann.
Stellen Sie eine Frage nach dem Verbleib eines Verstorbenen oder nach Ihrer geistigen Bestimmung oder welcher Weg in Ihrem Leben als Nächstes zu beschreiten ist. Denken Sie in der Meditation nicht darüber nach, da Gedanken den Verstand mobilisieren und nicht die Intuition.
Spüren Sie in sich nach, was der erste Impuls auf Ihre Frage ist. Schreiben Sie das vernommene Wort oder den Satz auf. Manche mögen auch Bilder oder Symbole empfangen.
Aus einem Grundgedanken entstehen dann weitere und dann werden Sie irgendwann die Erfahrung machen, dass in Ihrer Innenwelt ein zweiter Bewusstseinsstrom existiert, der sich klar und deutlich von Ihrem Denken unterscheidet.
Vielleicht spüren Sie dabei plötzlich Liebe, wie Sie das bisher nicht für möglich gehalten hätten. Vielleicht vernehmen Sie eine innere Stimme, die eine Erinnerung entfacht an ein Sein und eine Verbundenheit im Ursprung allen Lebens: ein Zustand des Glücks und der Seligkeit, in dem alle Trennung aufgehoben ist, wo der Dual und Ihr Ich sich als EINS ergänzten im Licht der göttlichen Herrlichkeit.
Das ist die Liebe in den Seeleninnenräumen, die nun erweckt wird, weil sie immer da war. Eine Wärme steigt auf, die Sie einhüllt und trägt und die sich von innen nach außen

ausbreitet. In diesem Moment hat Sie der EINE GEIST, von dem alle Schöpfung ausging und in dem niemand verloren gehen kann, berührt. Wer die Liebe in sich erweckt, macht die Erfahrung, dass er immer geborgen und selbst bei schlimmsten Verlusten nicht allein ist. Wir stehen dann vor der eigenen inneren Kraftquelle, die uns erhält und leitet.

Wer diesen Impulsen vertraut, wird die sichere Intuition der göttlichen Fügung erkennen. Diese Kraft, die unerschöpflich ist, bringt uns in Verbindung mit dem göttlichen Geist. Sie trägt uns durch alle Schwierigkeiten und Verluste unseres Lebens, da sie reine, unveränderliche Energie ist. Diese Kraft ist gleichzeitig außerhalb und innerhalb von uns. Es ist der göttliche Funke in uns. An dieser Quelle unseres Lebens befindet sich der Schnittpunkt zwischen dieser und der Jenseitswelt.

Danksagung

Ich widme dieses Buch Gregory, ohne dessen liebevolle Präsenz es nie entstanden wäre, und allen Mitgliedern der Seelengruppe, die mich inspirierten.
Einen besonderen Dank an Elke Röder für die Geduld und Hilfe bei der Erstellung des Manuskripts und an meine Lektorin Sabine Jaenicke, die dieses sensible Projekt so überaus einfühlsam und liebevoll betreute.

Für Gregory

Das Unfassbare ist geschehen,
Du trägst mich aufrecht durch die Welt.
Ich bin erblüht in Deinem Sein,
das das meine ist.

Gregory, ein Name, ein Symbol
für die Einheit des Geistes
in mir, in Dir, in uns,
ein Wir wurde geboren.

Das ist die Einswerdung eines Menschen
mit seinem himmlischen Gefährten
als Wunder des Vertrauens.

Wir sind nicht entfernt, noch getrennt,
da der Strom der Liebe
aus der Welt des Geistes
und meiner irdischen Begrenztheit
sich vereint haben
in den Ozean der Gottesseligkeit.
Gemeinsam, nicht alleine,
ein Wille im Wir
des ewigen Augenblicks
im Hier und Jetzt.

Ein Name, Dein Name, Gregory,
der mir meine Innenwelt erschloss.
Merci!

Diese Bücher spenden Mut und Lebenssinn

Das Erwachen der Liebe
Neue Botschaften von Gregory aus der geistigen Welt:
Sie ermöglichen inneres Wachstum, den Zugang zu
höherem, geistigen Wissen und dadurch das Überwinden aller Ängste.
224 Seiten, ISBN 978-3-485-01371-0, nymphenburger

Alles wird gefügt
Dieses Buch hilft zu erkennen, wie der Himmel unser
Leben fügt. Neben Ritualen für die Sterbebegleitung
wird das Tabuthema Organspende analysiert und die
Problematik der erdgebundenen Seelen angesprochen.
240 Seiten, ISBN 978-3-7844-3013-3, Langen*Müller*

Wege der Unsterblichkeit
Eine tiefgreifende Auseinandersetzung mit dem Phänomen der Nahtoderfahrung: Bernard Jakoby stellt neueste wissenschaftliche Ergebnisse vor und beschreibt, wie
das Bewusstsein beim Sterben eine andere Dimension
des Seins erreicht.
224 Seiten, ISBN 978-3-485-01341-3, nymphenburger

Bücher von Bernard Jakoby bei Langen*Müller* und **nymphenburger**

www. langen-mueller-verlag.de I www.nymphenburger-verlag.de

Die Brücke zum Licht
Medizinische Studien belegen, dass Bewusstsein unabhängig vom Körper existiert. Der Autor beschreibt anhand aktueller Beispiele die Bedeutung der Nahtoderfahrungen für unser Leben.
256 Seiten, ISBN 978-3-7844-6025-3, Langen*Müller*

Das Leben danach
Hier schildert Bernard Jakoby das vielfältige heute erforschte Wissen über das Jenseits, was mit uns beim Sterben geschieht und wie das Weiterleben nach dem Tod beschaffen ist.
240 Seiten, ISBN 978-3-485-01215-7, nymphenburger

Geheimnis Sterben
Dieses Buch schildert genauestens, was beim Sterben im Menschen abläuft. Dabei zeigt sich, dass die Visionen Sterbender ein integraler Bestandteil des Sterbeprozesses sind. Ein unverzichtbarer Ratgeber für die Sterbebegleitung.
208 Seiten, ISBN 978-3-7844-2977-9, Langen*Müller*

Auch du lebst ewig
Die große Gesamtdarstellung der Erkenntnisse der Sterbeforschung. Alle erwartet ein Leben nach dem Tod und wir müssen keine Angst vor dem Sterben haben.
224 Seiten, ISBN 978-3-485-01217-1, nymphenburger

Bücher von Bernard Jakoby bei Langen*Müller* und **nymphenburger**

www. langen-mueller-verlag.de | www.nymphenburger-verlag.de